Ernst von Destouches

Münchener Bürgertreue

Urkundlicher Beitrag zur Geschichte der Münchener Mordweihnachten 1705

Ernst von Destouches

Münchener Bürgertreue
Urkundlicher Beitrag zur Geschichte der Münchener Mordweihnachten 1705

ISBN/EAN: 9783743327795

Hergestellt in Europa, USA, Kanada, Australien, Japan

Cover: Foto ©ninafisch / pixelio.de

Manufactured and distributed by brebook publishing software (www.brebook.com)

Ernst von Destouches

Münchener Bürgertreue

Münchener Bürgertreue

Urkundlicher Beitrag

zur

Geschichte der Münchener Mordweihnachten 1705

von

Ernst von Destouches

Geheimsekretär im Königlich Bayerischen Geheimen Staatsarchive,
Sekretär des Königl. Bayer. Haus-Ritter-Ordens vom hl. Georg und des Königl. Bayer. St. Elisabethen-Ordens,
Archivar und Chronist der Stadt München.

München 1880.
Adolf Ackermann, königl. Hof-Buch- & Kunsthandlung
Maximilianstraße 2.

Als in den Septembertagen des Jahres 1858 die Stadt München die Feier ihres 700jährigen Bestehens beging, und jener großartige historische Festzug durch die reichgeschmückten Straßen der Stadt sich bewegte, da war es besonders eine Gruppe desselben, welcher die Sympathien aller Herzen sich zuwandten, ja bei deren Anblick selbst in Männeraugen die Thräne der Rührung trat: Einen Trommler und Schwegelpfeifer voran, schritten sie nemlich daher, die Nachkommen jener wackern Oberländer, die in jener denkwürdigen Christnacht 1705 herabgezogen waren aus ihrer Bergesheimat zur Befreiung Münchens, und die dann auf Sendlings Gefilden ihre Treue zum angestammten Herrscherhause und zum bayerischen Vaterlande mit blutigem Tode besiegelt haben. Mit ihnen aber kamen dahergeschritten, wie das Festprogramm besagte, „ihre **Verbündeten in der Stadt:** der **Rath und Weingastgeber Johann Jäger im Thal,** der **Eisenhändler Senser, Weißbierbrauer Kidler,** und die **40 Zimmerleute aus der Au.**" — Eine tiefergreifende Gedächtnißfeier fand am Tage nach jenem Festzuge (Dienstag, den 27. September 1858) zu Sendling selber statt. Um am Grabe ihrer gefallenen Ahnen zu beten, waren die Oberländer hinausgezogen und zahlreich die Münchener mit ihnen; schon trat der würdige Pfarrherr von Sendling an den von ernster Trauerversammlung umstandenen, blumenbekränzten Grabeshügel heran, Worte der Erinnerung den Gefallenen zu weihen: da überschritt unvermuthet König Maximilian II. die Schwelle des Kirchhofes, um an der Stätte, wo treue Landeskinder einst für seine Vorfahren, für das Haus Wittelsbach geblutet, im frommen Gebete der Helden zu gedenken, und Zeugniß abzulegen dafür, daß auch nach anderthalbhundert Jahren dieselben Bande treuer inniger Liebe, wie damals, Fürst und Volk in Bayern mit einander umschlingen! [1] [2]

Das Jahr nun, in welchem das Haus Wittelsbach die Feier seines 700jährigen Regierungsjubiläums in Bayern begeht, hat auch die Erinnerung an jene wackeren Vaterlandsvertheidiger der Nachwelt wieder in's Gedächtniß zurückgerufen, und dankbare Pietät schickt sich eben in diesen Tagen an, denselben eine ehrende Gedächtnißfeier zu bereiten. Das von dem verdienstvollen Geheimrathe von Zwack i. J. 1833 über dem Grabeshügel auf dem Sendlinger Friedhofe, darunter ihrer 800 treue Oberländer ruhen, errichtete Monument, vor Allem aber das schöne Freskogemälde Lindenschmitt's an der Kirche selbst, wurden durch Liebesgaben, an denen sich Seine Majestät unser vielgeliebter König Ludwig II. und die Mitglieder des bayerischen Königshauses voran betheiligt haben, — der nothwendig gewordenen Restauration unterzogen, und wird die Enthüllungsfeier des Votivbildes die würdigste Inauguration der Wittelsbacher Jubiläums-Festlichkeiten selber bilden. Da werden wohl wieder Hunderte und Tausende hinpilgern zur Stätte, die der Helden theuren Staub umschließt, — und werden mit Thränen frommer Erinnerung die Blumen auf ihrem Grabeshügel bethauen. Wurden sie aber auch mörderisch hingeschlachtet von erbarmungslosen Feinden — ihr Loos bleibt doch ein schönes, ja ein beneidenswerthes, sie starben auf der Wahlstatt freudig den Tod für's Vaterland, und nun ruht, auch im Tode vereint, dem großen Auferstehungsmorgen entgegen die Heldenschaar. Aber! die Geschichte meldet uns noch von andern, grausig blutigen Opfern, die jene Christnacht forderte. Wo aber sind die Gräber jener churbayerischen Offiziere Clanze und Aberle, wo sind die Gräber jener Münchener Bürger und Rathsherren Khidler, Senser und Jäger, die für ihr Bündniß mit den Oberländern, die für ihre Treue zu Fürst und Vaterland nach grausamen Folterqualen den schrecklichen Tod durch Henkershand sterben mußten? Kein gemeinsamer Grabeshügel in geweihter Erde deckt ihre Asche, kein Denkmal aus Stein oder Erz bezeichnet ihre Ruhestätte, kein Kranz wohlverdienten Lorbeers wird am Gedächtnißfeste der Mordweihnachten ihr Epitaphium zieren!

So möge denn mit diesen Zeilen ein Kranz dankbarer Erinnerung ihnen — den Verbündeten und den Führern der Oberländer gewunden sein; mögen aber auch zugleich diese Zeilen, da sie vorzugsweise mit einer Schilderung der persönlichen und Familien-Verhältnisse und der letzten Lebenstage jener Treuen sich befassen sollen und die bezüglichen Daten aus, bisher nach dieser Richtung hin unbenützten archivalischen Quellen geschöpft sind, — dazu dienen, die Geschichte der Bayern-Erhebung und der Münchener Mordweihnachten von 1705 zu ergänzen und theilweise neu zu illustriren! —

Es war das unblutige, ja sogar glänzende Vorspiel zu dem für Bayern so unheilvollen spanischen Erbfolgekriege, als Churfürst Maximilian Emanuel im Monat October des Jahres 1701 sein reorganisirtes Heer in unmittelbarer Nähe seiner Haupt- und Residenzstadt München, in der Gegend zwischen Schwabing und Freimann in einem Lager vereinigte. Obgleich die nächstfolgenden beiden Jahre den Churfürsten an der Spitze dieser Truppen vom Kriegsglücke begünstigt sahen, glaubte man doch damals schon in München, welches zu jener Zeit noch eine Festung war und eine Civilbevölkerung von 14,000 Seelen und 1000 Häuser zählte, — es für gerathen halten zu müssen, an Vertheidigungs-Vorkehrungen für den Fall der Noth zu denken. Und als dann in der That die Dinge plötzlich eine ungünstige Wendung nahmen, die Eroberungen in Tyrol verloren gingen und die Kunde von der Niederlage der bayerisch-französischen Waffen am Schellenberge (2. Juli 1704) nach München kam, da fing man bereits am 11. Juli an, die außerhalb der Stadtmauern gelegenen Häuser vom Sendlinger- bis zum Schwabingerthor abzubrechen und die Gärten zu entfernen.³) Bald trafen noch schlimmere Unglücksnachrichten in München ein: Durch die entscheidungsvolle Schlacht bei Höchstädt und Blindheim (13. August 1704) sah sich Churfürst Maximilian Emanuel gezwungen, sein Land zu verlassen und die Regierungsgewalt seiner Gemahlin Therese Kunigunde⁴) zu übertragen. In der Session vom 17. September⁵) wurde das betreffende churfürstliche Dekret vom 2. desselben Monats auf dem Rathhause zu München dem versammelten Rathe verlesen. Auf Grund der unterm 7. November 1704 zu Ilbesheim abgeschlossenen Friedenstraktate besetzten dann die Kaiserlichen ganz Bayern mit einziger Ausnahme des Rentamtsbezirkes München, dessen Nutznießung noch der Churfürstin und ihren Kindern belassen wurde; als aber im Februar 1705 auch Therese Kunigunde München und Bayern verließ, da kannte die Willkürherrschaft der Fremden in dem armen, ausgesogenen, unglücklichen Lande keine Grenzen mehr. Bislang war die Stadt München noch von der Fremdherrschaft verschont geblieben — jetzt aber — am 15. Mai 1705 erschien der kaiserliche General-Feldmarschall Graf von Grousfeld an der Spitze von 10,000 Mann vor München und erging an die Stadt Seitens der Kaiserlichen die Eröffnung, daß sie nunmehr eine Garnison aufzunehmen habe, wobei für den Fall eines Widerstandes mit Bombardement und Plünderung gedroht wurde. Während die Bürgerschaft an diesem Tage noch unentschlossen war, eine Gegenwehr zu versuchen und die hiezu nöthigen Anstalten traf, gewann doch bald die Ueberzeugung die Oberhand, daß Angesichts der feindlichen Uebermacht die Stadt, deren ganze Besatzung aus der zurückgebliebenen churfürstlichen Leibwache und ungefähr 550 wehrfähigen Bürgern bestand, eine Belagerung und Beschießung auf längere Zeit mit Erfolg auszuhalten nicht im Stande sei. So wurde denn bereits am 16. Mai den Kaiserlichen das Neuhauserthor geöffnet, am 17. aber rückten bei 3000 Mann in München ein und bezogen daselbst Quartier, die übrigen kaiserlichen Truppen blieben vorerst außerhalb der Stadt im Lager; so kampirte zwischen den zwei Landstraßen nach Sendling und Pasing, mitten auf den Aengern, ungefähr eine halbe Viertelstunde von der Stadt — also auf der jetzigen Theresienwiese — das Prinz Darmstädtische Regiment zu Pferd.⁶) — Mit den Truppen zog zugleich die von Kaiser Joseph I. über Bayern verordnete kaiserliche Administration, welche vordem ihren Sitz in Landshut aufgeschlagen hatte, in München ein. Der an ihrer Spitze stehende kaiserliche Administrator Maximilian Carl Graf von Löwenstein⁷) (oder, wie die damalige Schreibweise in den amtlichen Dokumenten lautete: Lebenstein) bezog hier die Herzog Max-Burg, welche zu jener Zeit der verwittweten Herzogin Mauritia Phebronia, gebornen Herzogin von Bouillon und Auvergne,*) zur Residenz eingeräumt war. Die genannte Fürstin richtete deßhalb aus Türkheim, wo sie sich gerade aufhielt, an ihren Rath und Rentmeister Peter Lehner und an ihren Hofrath Johann Weingartner ein Schreiben, des Inhalts: „nachdem sie bei solcher Bewandtniß nicht haben wolle, daß in ihrer Residenz von ihretwegen mehr Rath gehalten oder etwas expedirt werde, sollten sie nach einem anständigen Hause, mit einigen Zimmern und einer Stallung versehen, vigiliren und solches auf ihre Ratifikation in Bestand nehmen, unterdessen aber Alles, was sie abzuhandeln haben, in Lehner's Wohnung abhandeln, auch das Nöthigste dorthin bringen und dort expediren, die übrige Registratur aber, so die Graffschaft Schwabegg, und die Herrschaften Maxlies, Anglberg und Hohenschwangau betrifft, einmachen lassen und nach Türkheim schicken"*) —

Sofort nach dem Einzuge der Kaiserlichen in München erging Seitens der Administration an die Bürgerschaft der Befehl, es sollte dieselbe „sowohl zur Sicherheit der eingerückten Garnison, als damit nicht noch mehr Mannschaft in die Stadt hereingelegt und hier gehalten werden müßte, ihr Gewöhr, sonderheitlich das, gemeiner Statt angehörige Gewöhr auf das Rathhaus abliefern, und sollten nur der Rath und die Schützen unter dieser Maßregel nicht begriffen sein, und letztere ihre Zielrohre, ihres Exercitiums halber, behalten dürfen."

Am Samstag den 6. Juni mußten der churfürstliche Hofrath, die Hofkammer und der Revisionsrath dem kaiserlichen Administrator das homagium leisten, den darauffolgenden Montag den 8. Juni fand Vormittags ein Hochamt in der Stiftskirche zu U. L. Frau statt; hierauf begab sich der kaiserliche Administrator in Begleitung von mehreren Cavalieren, Hof- und Kammerräthen auf das Rathhaus, in dessen großen Saale der bürgerliche Magistrat und die gesammte Bürgerschaft versammelt war und das juramentum fidelitatis abschwor, nachdem vorher durch den Stadtschreiber Fenre die Dankserstattung geschehen war für die Namens des Kaisers gegebene Versicherung, „daß gesammter bürgerlicher Magistrat, gemeine Stadt und Bürgerschaft bei den bisher von den Römisch Kaiserlichen und Königlichen Majestäten, auch den vorigen regierenden Landesfürsten erhaltenen bisherigen Privilegien, Freiheiten und Gnaden, auch alten Herkommen, Statuten und Gewohnheiten, soviel selbe nicht wider Ihre Kaiserliche Majestät laufen, allergnädigst verbleiben zu lassen, bestätigt worden war". Der kaiserliche Administrator saß bei diesem Akte — wie der Stadtschreiber in dem Rathsprotokolle bemerkte — in einem Sessel auf einer fünf Staffel hoch erhabenen Bühne unter einem vom Hof aus gemachten Baldachin.*)

Die Seitens der kaiserlichen Administration nunmehr ergangenen Verfügungen ließen die Bürgerschaft bald nicht mehr in Zweifel darüber, was mit der Stadt München und dem Lande Bayern überhaupt für die Zukunft beabsichtigt war. Durch kaiserliches Administrationsdekret vom 23. Juni 1705 wurde anbefohlen, daß fürderhin alle zu den hiesigen Collegien zu erstattenden Berichte, Anlangen und Suppliken mit dem Titel: „An Seine Kaiserliche Majestät Joseph ꝛc. zu Kaiserlicher Administration Hofrath, oder Hofkammer zu geben" überschrieben werden sollen."*) München selbst hieß von nun an „kaiserliche Hauptstadt in Baiern"; die churfürstlichen Beamten waren in kaiserliche (Hofräthe, Hofkammerräthe, Revisionsräthe, Pflegskommissäre ꝛc.) umgewandelt worden, die noch vorhandenen churbayerischen Regimenter waren aufgelöst, die Soldaten abgedankt und die Offiziere gezwungen worden, einen Eid zu schwören, daß sie nicht mehr wider den Kaiser fechten wollten. — Da das Fest Corporis Christi (die Frohnleichnamsprozession) bevorstand, welches seit Herzog Wilhelm V. Zeiten in München unter Entfaltung eines außerordentlichen Pompes nicht bloß als kirchliches, sondern auch als großes Hof- und Stadtfest gefeiert zu werden pflegte, so wurde die Anordnung getroffen, „daß dasselbe zwar wie bisher gehalten werden, daß aber die Bürgerschaft nicht mit dem Gewehr aufziehen dürfte, sondern daß die kaiserliche Garnisonsmiliz auf dem Platz (heutigen Marienplatz) die Parade und die Spalierung mache und das Salve gebe, daß die Bräuer und Köche ihre Lokale geschlossen halten und daß die völlige Garnison in der Wache angehalten werden müßte und nicht nach Hause gelassen werden dürfte". Und da keine Hoftrompeter zu haben waren, wurden die Stadtthürmer mit den Trompeten zum Aufziehen gebraucht."*) —

Am 1. Juli fand — nach gleichfalls vorausgegangenem Hochamte in der Frauenkirche — öffentlich auf dem Rathhause die Ablegung des homagium Seitens der Landstände des Rentamtes

München statt. — Der kaiserliche Regierungskanzler von Landshut erstattete hiebei den Vortrag, während der Landschaftskanzler Namens der Prälaten, Ritterschaft und andern Stände die Gegenrede hielt und der Bitte um Conservirung der Freiheiten Ausdruck gab. Seitens des Magistrats machten bei der Ankunft und Abfahrt ein Bürgermeister, ein innerer Rath, der Stadtschreiber und vier äußere Räthe die Honneurs, empfingen den kaiserlichen Administrator am Ende der Rathsstiege und begleiteten denselben auch dahin zurück.¹³)

Abgesehen von der drückenden Natural-Einquartierung, mehrten sich alsbald auch die Requisitionen der Kaiserlichen an die Stadt München und deren Bürgerschaft. Der Rath versuchte dagegen wohl — doch freilich nicht immer mit dem gewünschten Erfolge — die der Stadt zugemutheten Lasten zu erleichtern und von deren Schultern abzuwälzen, und so gewinnt man, wenn man die Rathsprotokolle jener Zeit durchgeht, alsbald die Ueberzeugung, daß die Berathungen und Verhandlungen des Magistrates einen fortwährenden, wenn auch meist nur versteckten Kampf gegen die Anforderungen der Kaiserlichen bildeten. Die Stadtsteuer mußte bereits für das Jahr 1705 im dritthalbfachen Betrage erhoben werden, welche einen Bruttoertrag von 11,911 fl. 1 ß. 4 dl. lieferte, wovon nach Abzug der Ausgaben mit 882 fl. 6 ß. 3 dl. an die Stadtkammer der Reinertrag von 11,028 fl. 2 ß. 1 dl. abgeliefert wurde. In dem gleich hohen Betrage mußte auch in den folgenden Jahren die Stadtsteuer angelegt werden.¹⁴) Ein Blick in die Stadtkammerrechnungen¹⁵) gibt ein Bild von den Opfern, welche die Stadt München damals zu bringen hatte. So mußte die Stadtkammer für das Jahr 1704 15,600 fl. vierfache Prästations-Kriegs-Anlage-Steuer an die kaiserliche Administrations-Kriegskassa bezahlen und an Extra-Auslagen¹⁶) für die kaiserliche Generalität und Soldatesca 3251 fl. 3 ß. 22 dl. bestreiten, also in runder Summe 19,000 fl. oder zwei Fünftel der Gesammtausgaben, die sich für jenes Jahr auf 51,741 fl. 5 ß. 23½ dl. beliefen.

Die Stimmung in der Stadt war unter solchen Umständen eine dumpfe, gereizte; mit unverholenem Mißmuthe hatte die Mehrzahl der Münchner die Kaiserlichen in ihre Mauern einziehen sehen, und ging es schon hiebei ohne Provokationen und Exzesse nicht ab, wie solches in drastischer Weise eine uns noch erhaltene Tessignation eines Calumnianten, Namens Scherrer,¹⁷) schildert. Derselbe hatte nämlich Angaben gemacht „über einige derer, so jedermänniglich von der Kaiserlichen und Königlichen Majestät ꝛc., auch hohen Alliirten ꝛc. ganz vulgär und notorisch sehr übel geredet, höchst schädliche und schimpfliche Zeitungen, zur Verführung des Pöbels, verdächtigt und divulgirt haben" „Unter allen den ärgerlichsten der erste wäre — nach Scherrer's Angabe — ein Hofmusikant gewesen, so Rieder genannt wird, dann ein anderer Hofmusikant Namens Blum, dann ein schwarz klein altes Hoftrompeterl ꝛc., ferner der sogenannte Thürlbader.¹⁸) der Floßmann, ein Kaufmann auf dem Platze bei der Hauptwache¹⁹) und der Herzogspital-Pfleger. Diese hätten beim Einrücken der Kaiserlichen in München auf offenem Markt in Gegenwart unzähliger Personen beiderlei Geschlechts sich vermessen, die Bürgerschaft zur Gegenwehr aufzuhetzen, da es ja rühmlicher sei, daß die Münchner die Kaiserlichen angreifen und massacriren, obschon ein Theil dabei zu Grunde gehen sollte, als ihnen sich ergeben. Auf solchen Zuspruch hin habe dann selbigen Tags der Weber Libtel einen kaiserlichen Feuerwerker vom Rosse heruntergerissen und unter die beiden Hofmusikanten Aufführung mit Schlägen grausam zugerichtet und todt schlagen wollen. Während dieses Tumultes aber habe der Thürlbader, der sich selbst notorisch eines Anhangs von 200 Bürgern gerühmt, bei der Hauptwache durch einen Buben eine Trommel heimlich erwecken und damit Allarm schlagen wollen. Solches aber habe der Hoftürschner in der Rosengasse, als damaliger Corporal auf der Hauptwache, bei Zeiten ersehen und den Lärm abgestellt; der Floßmann aber habe sich einige Male, wie stadtkundig, erklärt, sich allerärgerlichst auszulassen, daß man die Kaiserlichen aufhängen sollte und wenn man hiezu nicht genug Henker wüßte, wollte er selbst es thun. Solchen Gelichters Gesellen seien aber noch mehrere, als der Straubinger, ein Maler, der Betterkramer Rossignol²⁰) in der Kaufingergasse, ein Priester oder Leinwandkramer unter'm Rathhausthurm, ein Geistlicher bei St. Peter, Kuechel genannt und gar ein geistlicher Rath, Namens Gartner, ein Advokat, Namens Vetter und noch unzählig viele andere, von welchen jedesmal die aufrichtig kaiserlich Gesinnten, Herren und Gemeine, Geist- und Weltliche solchergestalt verfolgt würden, daß der schädliche Effekt unlängst sogar an einem Hofkaplan, de Munzenhardt, ärgerlichst ausgebrochen sei. Durch dergleichen Leute, zu welchen auch der in München sich aufhaltende Franzosen-Comödiant und Caféhäusler Brieder gehöre, würden noch immer allerhand Mittel wider die Kaiserlichen ausgesonnen, und ob es schon dermalen sehr verwirrt hergehe, so werde doch gar bald den Kaiserlichen allenthalben und auch allhier Verwirrtes genug geschehen, denn Stück, Gewehr und Pulver sei noch genug verborgen; so könne man ein und anderes noch zur Abthuung der Kaiserlichen im Lande veranstalten, inmassen eine sehr zahlreiche Mannschaft rechtschaffener bayerischer Soldaten in unkenntlichen Kleidern annoch im Lande sich hin und wieder aufhalte, auf deren abgezwungenen Eid, wider die Kaiserlichen und Alliirten nicht zu streiten, nicht so viel, sondern Mehreres auf ihr treues, beständiges, generöses Gemüth sich zu verlassen sei, bevorab kein einziger Land-Officiali vom Churfürsten abstehen werde."

Noch viel düsterer, als jenes der Hauptstadt, hatte sich indessen das Loos des bayerischen Landes und Volkes gestaltet. Die Bedrückungen der Kaiserlichen nahmen immer mehr zu, das ohnehin schon verarmte, ausgesogene Land vermochte die ihm auferlegten Lasten, die vorzugsweise den Bürger- und Bauernstand trafen, kaum mehr zu erschwingen, und als auf ein neues kaiserliches Gebot hin 12000 Landeskinder ausgehoben und unter die kaiserlichen Regimenter in Italien gesteckt werden sollten, und als dieses Gebot mit barbarischer Härte und Grausamkeit in Ausführung gebracht wurde, da brach der Aufstand los, Bürger, Bauern und abgedankte Soldaten griffen zu den Waffen, und bald stand die bayerische Landesdefensionsarmee 30,000 Mann stark am Inn, der Isar und der Donau bereit, das Land von den Kaiserlichen zu befreien.

Auch unter den Bauern des bayerischen Oberlandes gährte es schon lange, es bedurfte nur des zündenden Funkens, um die allenthalben bereits züngelnden Flammen zu lichter Lohe zu entfachen. Und es sollte auch nicht lange währen, daß dieser zündende Funke, und zwar aus der Stadt München selber, fiel. Wir haben oben gesehen, daß der Rath und die Bürgerschaft im Allgemeinen, trotz der Okkupation und der aufgelegten Lasten, sich doch bisher in das Unvermeidliche gefügt hat und wohl auch fügen mußte, da die kaiserliche Besatzung jeden Versuch eines offenen Widerstandes sofort im Entstehen hätte blutig unterdrücken können. Ueberdieß barg die Stadt ja auch noch ein theures Pfand in ihren Mauern, die churfürstlichen Kinder, welche von den unglücklichen Eltern unter der Obhut des Grafen Philipp Joseph von Törring-Seefeld in München zurückgelassen worden waren.

Da verbreitete sich mit einem Male das Gerücht, die Kaiserlichen gingen nunmehr mit dem Plane um, auch die churfürstlichen Prinzen aus der Stadt und dem Lande wegzuführen. Tiefste Bestürzung entstand darüber unter den, dem Churfürsten und der angestammten Landesherrschaft treugebliebenen Bürgern, sie traten heimlich zusammen, zu berathschlagen, wie die drohende Gefahr abgewendet werden könnte. Der Hallmair-Bräu im Thal*) begab sich zu dem Grafen Törring und stellte an denselben die Frage, ob er ihnen nicht einen Fingerzeig darüber geben könne, was an der Sache sei; es wären etliche Bürger bereit, Leib und Leben daran zu setzen, um solches zu verhindern, und könnten sie gar leicht die Tölzer und die im Isarwinkel gewinnen, ja er glaube, es würde das ganze Land aufstehen, um solches zu verhindern. Er müsse zwar um Verzeihung bitten, daß er, obwohl persönlich dem Herrn Grafen unbekannt, sich an ihn gewendet; allein er wisse, daß die Prinzen ihm anvertraut seien, und darum habe er auch geglaubt, der Herr Graf würde ihm, wenn er irgend eine Wissenschaft habe, hieran Mittheilung machen. Graf Törring gab hierauf zur Antwort, daß ihm hievon Nichts bekannt sei, daß übrigens, wenn es auch geschehen sollte, er es nicht verhindern könne.**)

Außer dem Hallmair-Bräu hatten sich auch der Revisions-Adjunkt Johann Ulrich Haid und später der Geheimsekretär Urban Heckenstaller und Johann Jäger, des äußern Raths, Bürger und Weingastgeb bei dem Grafen von Törring eingefunden, um demselben das gleiche Anliegen vorzutragen. Auch Haid äußerte sich dahin: es gehe das Gerücht, daß die Prinzen weggeführet werden sollen, das könne man einmal nicht zugeben; die Gerichte würden aufstehen, und sei auch bereits mit denselben Correspondenz eingeleitet und ein Manifest verfaßt. Graf Törring erwiderte, er habe von einem solchen Vorhaben noch nichts erfahren, möchte sie aber vor der Ausführung des geplanten Unternehmens warnen, das eine schwere Verantwortung mit nach sich ziehe, wenn man keinen schriftlichen Befehl vom Churfürsten habe. — Der Geheimsekretär Heckenstaller und der Jägerwirth sprachen zu dem Grafen: da sie wüßten, daß der Churfürst und die Churfürstin Vertrauen zu ihm hätten, und ihm auch die Prinzen anvertraut hätten, hätten sie nicht umhin gekonnt, ihm von der Sache parte zu geben, worauf Graf Törring entgegnete: er werde zwar seinerzeit den guten Eifer anrühmen, in diese Affaire aber, bei der kein Befehl vom Churfürsten vorgezeigt werden könnte, wolle er sich nicht einmischen, und würden auch sie besser daran thun, solches zu unterlassen. worauf die beiden erwiderten: hiezu sei es zu spät, die Schriften wären schon fortgeschickt, und Alles sei bereits veranstaltet.

Und so gerieth denn, da die erhaltenen Antworten die Interpellanten nicht zu beruhigen vermochten, das Rad unaufhaltsam in's Rollen, neue Gesinnungsgenossen und Verbündete wurden unter der Bürgerschaft geworben und gewonnen, und Briefe und Boten gingen nach dem Oberlande ab, um auch dorthin die Kunde von dem Gerüchte, welches die Hauptstadt so schwer beunruhigte, zu bringen, und die Oberländer aufzufordern, gemeinsame Sache mit den Münchenern zu machen, vor Allem die Prinzen zu retten und die Stadt München von den Kaiserlichen zu befreien.

Den größten Eifer und den weitgehendsten Einfluß entwickelte bei dem ganzen Unternehmen der Jägerwirth. Wesentlich zu Gute kamen ihm hiebei einerseits in der Stadt München seine geschäftlichen Beziehungen daselbst und seine Stellung als Mitglied des äußern Raths, anderseits im Oberland der Umstand, daß er ein geborner Tölzer war, und durch Verwandtschaft, Bekanntschaft und Jugendfreundschaft noch die vielseitigsten Berührungs- und Anknüpfungspunkte mit demselben hatte.

Nächst dem Jägerwirth nahmen hervorragenden Antheil an der Erhebung und zwar in der Stadt München: der Eisenhändler Sebastian Senser, gleichfalls Mitglied des äußern Raths, der Weingastgeb Johann Georg Khidler, der bereits genannte Bierbräuer Georg Hallmair, der Bierbräuer Franz Maber, der Weingastgeb Joseph Rudolph Kaiser, der Student Passaner, der Ammeister Franz Daiser, der Hofkoch Engelbardt; ferner die ehemaligen Offiziere Mathias Maier, Ganthier, Johann Clanze, Johann Georg Aberle und Houiy, endlich von Beamten die bereits genannten: Geheimsekretär Urban Hedenstaller und Registratur-Adjunkt Johann Ulrich Haid, dann der Kriegskommissär Fuchs, die Pfleger von Tegernsee und Tölz,²) Pfleger Baron Schmitt von Aibling, Pfleger Alram von der Valley,²⁴) und der Richter von Benediktbeuern. Bei den Beamten befand sich Anfangs auch der Pflegskommissär Johann Joseph Cettlinger von Starnberg,²⁵) der nachmals eine so verabscheuungswürdige Verräther-Rolle spielte und den Fluch für das unselige Ende der Erhebung auf seinen Namen geladen hat.

Denn als die Bauern dann wirklich in der Christnacht von ihrem Sammelplatze zu Schäftlarn auf beiden Seiten der Isar herabgezogen waren und bis gegen Mitternacht vergeblich auf das verabredete Zeichen aus der Stadt, daß auch die Bürger, Studenten und Hofbedienten drinnen bereits zu den Waffen gegriffen hätten. — Die kaiserliche Administration, durch Cettlinger von dem ganzen Anschlage und der ganzen Stärke der Oberlandes-Defension unterrichtet — hatte bereits am Christabend an Bürgermeister und Rath den Befehl erlassen, „daß, weil das ausgestandene Bauernvolk auch vor hiesiger Stadt sich sehen lassen, und man sich Seitens der kaiserlichen Administration der Treue und Pflicht der Bürgerschaft versieht, und solche jedoch zu allem Ueberfluß auch nochmals ermahnt werde, — also Bürgermeister und Rath zu verfügen haben, daß von Haus zu Haus umgesagt werde, daß sich männiglich zu Hause und außer den Sachen gänzlich halte, widrigenfalls gegen denjenigen, der mit Gewehr betreten würde, mit Leib- und Lebensgefahr, auch Consicirung von Hab und Gut verfahren, dem in Ruhestand Verbleibenden aber nicht das geringste Leid zugefügt werden solle".*⁶)

Da endlich — als vom Frauenthurme herab in die kalte Winternacht die Christmettstunde ertönte — wagte ein Theil der Oberländer unter Anführung des Hofkochs Engelbardt und verstärkt durch die Zimmerleute aus der Au den Angriff, und erstürmte muthig den rothen Thurm an der Isarbrücke. (Genau um dieselbe Zeit war aber auch schon von dem bei Anzing stehenden kaiserlichen General Kriechbaum ein Schreiben (datirt Anzing, 24. Dez. 1705 11 Uhr Nachts) an den kaiserlichen Administrator Graf Löwenstein in München unterwegs, des Inhalts: „er finde höchst nöthig, mit dem ganzen Corps gegen München zu gehen, denn wenn wir ein Unglück hätten, so ginge Alles über den Haufen: er werde also gleich aufbrechen und hoffe noch vor Tags in der Nähe bei München zu stehen, wie er dann schon persönlich seine gehorsame Referenz machen werde".²⁷)

Unbenützt hatten die Oberländer, denen es nicht an heroischem Muthe, wohl aber an einer einheitlichen geschickten Führung mangelte, die Nacht verstreichen lassen, hatten lediglich die Stadt mit den zwei mitgebrachten Feldstücken beschossen und durch einen Tambour zur Uebergabe auffordern lassen. In der Stadt aber rührte sich nichts — die Bürger waren entwaffnet und consignirt, die Kaiserlichen warteten auf den nahen Succurs und Entsatz.

Inzwischen war der Christtag angebrochen, — da ertönten vom Gasteigberge her Kanonenschüsse — es war das Zeichen, das der in Eilmärschen anrückende General Kriechbaum der Besatzung von seiner Ankunft gab. Sofort ließ er seine Grenadiere und sein Fußvolk über die — unbegreiflicher Weise von den Oberländern unbesetzt gelassene, damals noch ganz hölzerne Isarbrücke*) marschiren, seine Husaren aber durch die seichte Isar setzen, und griff die längs der Stadtmauern in zerstreuten, führerlosen Haufen postirten Oberländer im Rücken an, während gleichzeitig der kaiserliche Stadtkommandant, General de Wendt, einen Ausfall aus der Stadt machte. So geriethen die Oberländer zwischen zwei Feuer — mit Löwenmuthe kämpften sie, mußten sich aber nach verzweifelter Gegenwehr gegen Sendling zurückziehen, an dessen grauer Kirchhofswand das blutige Drama mit der vollständigen Niedermetzelung der heldenmüthigen Vaterlandsvertheidiger sein trauriges Ende fand.**)

„Bei jener Bauernschlächterei, welche die Kaiserlichen am Geburtstage Unseres Herrn begingen, — so lautet ein Eintrag im Todtenbuche der St. Peters-Pfarrei³⁰) — betrug nach Angabe des Todtengräbers die Anzahl der von der genannten Pfarrei allein aus in neun Gräbern auf dem äußern (jetzigen südlichen alten) Friedhofe beerdigten 662, derer von U. L. Frauen-Pfarr aus Beerdigten 90, der zu Sendling Beerdigten 204, in Summa 976." Daß die Kaiserlichen übrigens nicht bloß die Bauern massakrirten, sondern daß ihrer Wuth auch Einwohner der Stadt zum Opfer fielen, geht aus den Einträgen im Todtenbuch U. L. Frauenpfarrei³¹) hervor, wo es heißt: daß der 70jährige Rumeister Franz Taiser, als er am Geburtstage Unseres Herrn hereinreiten und dem Gottesdienste beiwohnen wollte, von den kaiserlichen Soldaten ohne gegebene Ursache muthwilliger Weise erschossen worden sei; daß das gleiche der Fall war bei den Tagwerkern Georg Perner und Simon Larcher, bei den gewesten Waltersöhnen Franz und Anton Troll, sämmtlich auf dem Lehel, dem Kutscher Peter Fischhaber bei der Frau von Simeoni und dem Rahmmeister bei den ausgespannten Tüchern im Zwinger, Peter Fisse, ferner daß der Hausmeister auf Herrn v. Schlichting's Kalkofen ohne Schuld grausam ermordet und daß die Unterholzschreiberin Maria Rietmayr auf dem Lehel gleichfalls unschuldig in ihrem eigenen Zimmer erschossen worden sei.³²)

„Freitags den 25. am heiligen Weihnachtstage," — so schrieb der Bürgermeister und Stadtoberrichter von Bacchiern unterm 28. Dezember an einen Freund in Landshut — „werde ich um halb acht Uhr früh zum kaiserlichen Statthalter Grafen von Lewenstein gerufen. Der machte mir in Gegenwart des Herrn Regierungskanzlers Baron von Wämpl den Auftrag, ich sollte die Bürgerschaft ermahnen, sich heute ruhig zu verhalten, sich in nichts zu mischen, was außen geschehen mag; ich soll sie wohl ermahnen und in Schranken halten. Zwischen 8 und 9 Uhr Vormittag geschah der Ausfall auf die Bauern und ihre Theilnehmer unter Anführung des Colonell Kriechbaum. Auf dem Felde bei Sendling wurden die Bauern niedergemetzelt und sind ihrer, Verwundete und Getödtete, 2000 bis 3000 auf dem Felde geblieben. Die übrigen wurden versprengt, sehr viele beinebst gefangen und ihnen vier Fahnen und zwei Pauken abgenommen. Ich gehe vom Lewenstein zum Herrn von Prielmayr, hernach zu meiner Mutter, hernach zum Herrn von Lewenstein. Da stattete der Herr Kommissarius Philippi Rapport ab, daß die Mord-Execution schon vorüber wäre. Ich höre darauf meine drei Messen vom heiligen Geist; hernach kamen wir im Rath zusammen und wurden Deputirte zum Graf von Lewenstein geschickt. Zwischen 11 und 12 Uhr kam der Colonell Kriechbaum dahin und erzählt dem Herrn Administrator in unserer Gegenwart, wie die Sachen abgeloffen. Nachmittags wurden über 600 Bleßirte auf den Tragen in die Stadt hereingebracht, und seynd pro terrore lang auf deren Gassen liegend gelassen worden, bis man sie hin und wieder in die Spitäler vertheilt hat."

In den Spitälern (es waren dieß das Hl. Geistspital³³), das Herzogspital³⁴), das Josephspital³⁵), das Bruderhaus³⁶), das Stadtkrankenhaus³⁷) ꝛc.), sind dann, wie aus dem bereits erwähnten Todtenbuche der St. Peterspfarrei hervorgeht, noch 81 von den Oberländern ihren gräßlichen

Wunden zum Theil erst nach monatelangen unsäglichen Leiden erlegen. Noch am 29. März des folgenden Jahres 1706 wurde von der genannten Pfarrei aus ein solcher — an seinen Wunden Gestorbener, Namens Georg Fiesinger begraben. Das Todtenbuch der Frauenpfarrei dagegen führt mit Namen nur sieben solcher später verstorbener Oberländer auf.³)

Was nun das Schicksal der Führer der Bauern, der Häupter und Leiter und Mitwisser der Erhebung betrifft, so fiel der Hauptmann Gauthier am Christtage selbst, als er an der Spitze eines Bauernhaufens von der Schlacht weg gegen Gauting zu retiriren wollte. Der 70 jährige Amtmeister Franz Daiser aber war — wie bereits oben erwähnt — von den Kaiserlichen erschossen worden; die Beamten, der Lieutenant Honsi und der Hallmair-Bräu hatten sich durch die Flucht gerettet, die übrigen wurden theils während der Schlacht gefangen, theils verhaftet, und über sie der Prozeß eingeleitet. Für fünf von ihnen, die ehemaligen Offiziere Clanze und Aberle und die Münchener Bürger Khidler, Senser und Jäger endete derselbe mit dem Tode durch Henkershand. Ehe wir aber von den Lebensschicksalen, namentlich der letzteren drei, ein Bild entrollen, was ja, wie Eingangs dargelegt, den Zweck dieser Abhandlung bilden soll, wollen wir erst noch die in flüchtigen Strichen gezeichnete Skizze von den Verhältnissen und Vorkommnissen in der Stadt München am Schlusse des unseligen Dezembermonats 1705 vollenden.

Während am Christtage Vormittags das Geknatter der Musketensalven in der Richtung von Sendling her den Münchenern die traurige Gewißheit brachte, daß die zur Befreiung ihrer Stadt herabgezogenen Bergessöhne nunmehr im letzten Verzweiflungskampfe dahinsanken, wurden die Bürgermeister Vacchiery, Schobinger, Essinger und Alberti wiederholt zu dem kaiserlichen Administrator Grafen von Löwenstein berufen, welcher, wie das Rathsprotokoll sagt³⁹), sie an ihre geleistete Eidespflicht erinnerte und ihnen die Obsorge für die Bürgerschaft anempfahl. Alsdann versammelte sich — trotz des hohen Festtages — der innere und der äußere Rath zu einer Extrasitzung, in welcher die Bürgermeister zunächst bezüglich ihrer Berufung zum kaiserlichen Administrator berichteten. Sodann beschloß der Rath, der von höheren Orts geschehenen Anforderung entsprechend, den Bedarf an Lichtern für den Nothfall im Voraus abgeben zu lassen. Nachdem der, Tags vorher ergangene und weiter oben bereits erwähnte kaiserliche Befehl bezüglich der Consignirung und Entwaffnung der gesammten Bürgerschaft bekannt gegeben worden war, wurde beschlossen, die betreffende Anfragung von Haus zu Haus durch die gewöhnliche Deputation allen Ernstes zu thun. Weil vorkommen — besagt das Rathsprotokoll ferner — daß durch die Bauernrott vor der Stadt die Ableitung des Wassers geschehen, inmassen dann die herinneren Bäche nicht laufen, also sei dem Wassermeister neben ernstlichem Verweise, daß er solches nicht habe angedeutet, die Verfügung zu thun, daß das Wasser wieder eingeleitet werde. Der gleiche Auftrag habe auch an den Brunnmeister zu erfolgen. Weiter beschloß der Rath, daß durch den Stadt-Oberrichter¹⁰), Stadthauptmann und Unterrichter mündlich bei dem kaiserlichen Administrator angefragt werden solle, wie man sich im Falle einer Feuersbrunst oder eines Aufstandes in der Stadt zu verhalten habe, und ob nicht eine Deputation von hohem Orte neben einigen von der Stadt verordnet werden solle; ferner daß eine Austheilung der Aemter unter den Deputirten geschehen möge, daß beim Rathhaus, Stadtzeughaus, beim Amtsbürgermeister¹¹) beim Oberrichter-Amtshaus¹²) und bei der Stadtschreiberei solches geschehe. Endlich solle man vom Commandanten erbitten, daß, wenn man Nachts von Raths wegen auf das Rathhaus gehen müsse, den Deputirten sicheres Geleit verschafft werde, was der Stadtcommandant General de Wendt den Deputirten auf Anmelden sogleich versprach.

Auch am darauffolgenden Stephanitage, Samstag den 26. Dezember hielt der Rath eine Extrasitzung⁴³). In derselben trug zunächst Bürgermeister Essinger vor, daß der Commandant die Verschaffung einiger Fuhren verlange zur Beibringung und Setzung der Pallisaden vor dem Kosthörl. Bürgermeister Vacchiery und der Stadtunterrichter referirten, daß von dem kaiserlichen Administrator der Kanzleidirektor als Deputirter für den Fall einer Brunst oder eines Auflaufes verordnet worden sei. Die Stadtkämmerer referirten, daß bezüglich der ausgebliebenen Bäche und des hiedurch besorgten Abganges des Trinkwassers Nachsicht gepflogen und gefunden worden, daß von den Bauern nur der Ablaß gezogen und nunmehr wieder Alles in Ordnung gerichtet worden sei.

Der Stadtunterrichter referirte, es habe der Geheimsekretär von Unertl ihn gestern noch in später Nachtzeit rufen lassen, und aus Anbefehlung des kaiserlichen Administrators von ihm zu wissen verlangt, ob man nicht auf den heutigen Stephanitag die gewöhnliche Rathshuldigung leisten werde. Er habe sich aber mit der Unwissenheit und damit entschuldigt, daß nicht er, sondern der Stadtschreiber hierüber Aufschluß geben könnte.

Hierauf wurde beschlossen, es sei durch Bürgermeister Ossinger, Bürgermeister Reindl und den Stadtschreiber Seiner Excellenz dem kaiserlichen Administrator eine Feiertags-Anwünschung zu thun und dabei vorzustellen, wasmassen erst dieses Jahr Seiner Kaiserlichen Majestät die Huldigung geschehen, und weil bisher die Bürgerschaft, bevorab auch gestrigen Tags und Nachtszeit die allerunterthänigste treue devotion erwiesen, man auch sonst das Jahr nur einmal schwöre, und es bisher sich hierum anzutragen, andere Hindernisse gegeben, — als wolle man der allergnädigsten Anbefehlung gewärtig sein. Der genannten Deputation wurde hierauf der Bescheid gegeben, daß es wie in früheren Jahren, so auch dießmal mit der Huldigung gehalten und die Zeit benamt werden solle.

In Folge dessen fand am darauffolgenden Tage (27. Dezember) die Rathswahl statt; am gleichen Tage erging ein öffentlicher Verruf Seitens der kaiserlichen Administration, worin der Bürger gute conduite gelobt und zugleich den Soldaten ernstlich bedeutet wurde, daß sie außer dem Servis in natura Nichts begehren, und den Quartierwätern weder mit Worten noch mit Werken oder ungeziemenden Bedrohungen überlästig sein sollen.[14])

Am Sonntag, den 29. Dezember versammelte sich der Rath, um zunächst die Verlesung des kaiserlichen Administrationsdekretes zu vernehmen, wodurch auf 10 Uhr die Eidesleistung anberaumt worden war.[15])

Hierauf gingen die Bürgermeister, die inneren Räthe und der Stadtschreiber auf das äußere Rathhaus, und von da fuhren sie nach der Maximilianischen Residenz, wo Bürgermeister Ossinger, als der älteste, dem kaiserlichen Administrator Namens Seiner Römisch Kaiserlichen Majestät einen gewöhnlichen Neujahrswunsch nomine Senatus ablegte, auch den Rath und die gesammte Bürgerschaft recommandirte, und für die angeschafften Salzscheiben und das Schwarzwildpret sich bedankte. Hierauf verlas der Stadtschreiber die Eidespflicht, welche vom gesammten innern Rath der Bürgermeister und innern Räthe abgeschworen wurde, und wobei jeder Einzelne das Handgelübde ablegte. Alsdann übergab der Administrator dem Bürgermeister Ossinger ein verschlossenes Schreiben mit dem Auftrage, dasselbe bei Rath zu eröffnen, und abzulesen, auch den äußern Rath und die gesammte Bürgerschaft der Treue und Eidespflicht wohl zu erinnern und zu ermahnen.

Die Bürgermeister und innern Räthe kehrten sodann behufs weiterer Rathsverrichtung nach dem ordinari (kleinen) Rathhause zurück, wo in der gewöhnlichen Rathsstube (dem nachmaligen Raths-Plenum und numnehrigen Trauungssaale des Standesamtes) das erwähnte Schreiben geöffnet und verlesen wurde. Dasselbe lautete wörtlich also:

„Josephus, Von Gottes Genaden Erwöhlter Römischer Kayser ꝛc. Fürsichtig, Ehrsamb, Weise, Liebe, Getreue, Ob Wür schon Aus Eurer Threu, nach dem anheunt vernewertem Jurament allergnädigst versichert halten, vnd ob der bei jüngster Vornembung von der ganzen Burgerschafft geführten guoten Conduite allergnädigstes gefallen tragen, So erfordern doch die iezige conjuncturen, auch hiesiger Statt aigene Sicherheit, zu erhaltung des Jnnwendigen Ruhestandts, da der Mann seiner aigenen Sach selbsten nit Maister sein därffte, alle behörige praecautiones zu nemmen. Zumahlen Wür dann ganz zuverlässig berichtet seyn, daß ein Jeder Burger annoch mit feyergewöhr, wohl Ja yberflüssig versehen, Alf befelchen Wür allergnädigst Euren untergebenen Burgern, vnd zwahr iedem Jnsonderheit in Vnserem allerhöchsten Nammen allergnädigst ofzutragen, daß Jedweder yber das bereits schon gelieferte Gewöhr: auch das annoch in seinen Handen habente privat- aigene Hanß Gewöhr, in flinten, gezogenen feur Röhren, Pistolen oder auch Musqueten bestehent, von sich in das Burgerl. Zeughauß sogleich heunt noch bey Vnaußbleiblicher Leib- vnd Lebensstraff auch confiscations Haab- vnd Guetts zur Verwahr yberliffere, der khonfftigen Vergwisten restitution vnd Erkhandtnus halber aber solchem Gewöhr seinen Nammen of Zötlen geschribener zuelege. Welches sodann in Gegenwarth 2 von Vnſ, vnd 2er von Euch deputirten commiſſarien zu vbernennen Wür Vnſ zu geſchechen allergnädigſt verſehen, vnd ſeint Euch anbey mit Genaden gewogen."

München, den 29 Xbris 1705
Max Carl Graf zu Lebenſtein
Adminiſtrator.

Nachdem der kaiſerliche Befehl den innern Räthen verleſen war, wurde er auch — nach vorheriger Unterweiſung, — den äuſseren Räthen bekannt gegeben;

„Vnd dabei" — ſo fährt das Raths-Protokoll wörtlich fort. — „Zu anſehung Hrn. Johan Jeger des Euſſern Raths vnd Weingaſtgeb (wie an ſeithen des allergdbt verordnteten hechſtlöbl. Khayſ. Adminiſtration vor ganz gewiſs zu ſein bedeutet würdt) vnder der wider alhieſige Statt, vnd ſeine gehebte pflicht gegen Sr. Röm. khayſ. Mayeſt. ꝛc. auſgeſtandtene Pauern Rott begriffen, des Raths entſezt, vnd dargegen Töpſtl Weingaſtgeb in den Euſſern Rath gewölt wurde, deme geſambten Euſſeren Rath volgents bey Rath vnd gemeindte der Anweſenten Sambentl. burgerſchafft abzuleſen anbefolhen worden.

Inmaſſen dan auch bey gehalten Rath vnd gemeinen lauth des hierumben gewohnlicher maſſen verfaſsten auffaz Stattſchreiber von vorbeygangner Innern Rathswahl vnd hieriber erhaltenen allergdbtn. confirmation den gebreichigen Vortrag gethan, auch die confirmations reſol. offentlich abgeleſen, darnach dem Euſſern Rath vnd nach dieſem der geſambten burgerſchafft vnd gemeindte den Ayd, vnd pflicht vorgeleſen hat, welcher auch allerſeiths nachgeſchworen worden.

Volgents hat Stattſchreiber eine mündtl. erinderung gethan, was die widerholter abgelegte Aydtspflicht mit ſich bringe, vnd was, das wübrige allenfahls für einen Vnthail nach ſich ziehe, vor welchem man ſich billicher maſſen zu hietten habe, auch die Vnbedachtſambe weithausſehendte Reden vnder laſſen, vnd ben nebens erkhennen ſolle, was geſambter löbl. Magiſtrat für aufrichtige ſorgfeltigkheit für die ganze gemeindte bishero getragen, auch noch allezeit tragen werde zu allgemeiner Wolweſenheit; vnd was anſeithen der Khayſ. Adminiſtration vorderiſt ratione der Turchleichtigiſten Prinzen des Churhauſes Bayrn ꝛc. beſtendig, auch anetten erhaltung alhier, vnd der ganzen Statt auch burgerſchafft alda conſervation, vor ein namens Sr. Khayſ. Mayeſt. ꝛc. allergdſte ſinceration geſchehen ſeye." —

Zuzwiſchen war von Nürnberg her berichtet worden, daß durch Vermittlung des Markgrafen zu Bayreuth die preußiſchen Truppen (3 Bataillone und 2000 Mann nach Italien beſtimmt) zur Dämpfung der Unruhen in Bayern verwendet werden könnten. Darauf erging unterm 30. Dezember Seitens der kaiſerlichen Adminiſtration an den genannten Markgrafen ein Schreiben des Inhalts[16], „dieſe patriotiſche hohe Sorgfalt Seiner Durchlaucht ſei zwar zu veneriren, nachdem aber dem oberländiſch aufgeſtandenen Bauernvolk durch die am heiligen Chriſttage beigebrachten blutigen Streiche, da gegen vierthalbtauſend Mann theils auf dem Platze geblieben, theils mit blutigen Köpfen davon gegangen, der Muth gar tief geſunken und eine univerſelle Furcht im ganzen Lande entſtanden, ſo daß ſich auch die unterländiſchen Bauern bis über den Innſtrom wieder zurückgezogen, ſo werde es dieſes Succurſes zur Hilfe nicht bedürfen. Anjezo beginne erſt hervorzubrechen, was bei der lezten fürgenommenen Bauern-Attaque der Stadt München für ein gefährliches Complott unter Handen geweſen, deßwegen ſchon viele Perſonen in gefängliche Haft gebracht worden, über deren Examination man jezt beſchäftigt ſei." —

So bezeichnet denn das Ende des für die Stadt München ſo verhängnißvollen Jahres 1705 der Beginn der meiſt peinlichen Verhöre[17], welche mit den gefangenen Bauern[18], dann mit den inhaftirten Häuptern der Bauernerhebung[19] oder den als Theilnehmer[20] an derſelben Beinzichteten vorgenommen wurden und welche die Vorbereitungen zu jenem ſchaurigen Epiloge bildeten, mit dem das blutige Trama der Münchener Mordweihnachten 1705 auf der mitten im Herzen der Stadt — dem Marienplaze errichteten Henkerbühne ſeinen gräßlichen Abſchluß fand.

Und ſo ſeien ſie denn heraufbeſchworen aus ihrer Grabesnacht, die bleichen blutigen Schatten jener unglücklichen Opfer, mögen ſie, und zwar meiſt mit ihren eigenen Worten, wie ſie in den vergilbten Dokumenten der Archive uns noch erhalten ſind, uns von ihrem Leben, von ihrem tragiſchen Schickſale erzählen!

Johann Clanze war geboren zu Wassenberg im Herzogthum Jülich, wurde Student, alsdann Soldat im bayerischen Infanterie-Regimente Seyboltsdorff, und avancirte daselbst bis zum Oberlieutenant. Später trat er — nachdem er sich inzwischen verheiratet hatte, — zur Garde über. Als die bayerische Miliz reduzirt worden war, mußte er, wie alle übrigen Offiziere schwören, — unter Bedrohung, daß man ihnen widrigenfalls den Prozeß machen würde, — nicht mehr wider den Kaiser zu dienen. Unter die Bauern kam er — wie er in dem mit ihm am 29. Dezember 1705 vorgenommenen Verhöre selber angab⁵¹), auf folgende Weise: „Nachdem der Hauptmann Rulland, der sich in der Au aufhielt, ihm gesagt, es sei ein Cavalier vorhanden, der nach Italien verreisen wollte, und verlange Jemanden, der französisch könne: ob er nicht Lust habe, mitzugehen. Tags darauf habe er mit dem Franzosen **Gauthier** deßhalb gesprochen, der gesagt, er habe zwar einen Paß nach Italien, gedenke aber zu den Rebellen nach Braunau zu gehen. Er sei nun mit **Gauthier** von München nach Benediktbeuern und am andern Tage nach Tölz gegangen. Halbwegs begegnete ihnen schon der Jäger **Adam** mit den Patenten, sie haben aber zu jener Zeit von der angesponnenen Rebellion noch Nichts gewußt. Zu Tölz im Wirthshause trafen sie den Commissär **Fuchs** und den Lieutenant **Houis**, wozu noch der Pfleger von Tölz kam, welcher in Person ausgewesen war, und die Bauern zusammengebracht hatte. Diese zeigten ihm an, daß es nicht mehr nöthig sei, nach Braunau zu gehen, weil die Mannschaft von dort ohnedem sich heraufziehe und 5000 Mann zu ihnen herüber kommen würden; sie sollten alle beide nur bei ihnen bleiben. Ihr dessen sei gewesen, wie im Wirthshause verhandelt worden, auf München gehen zu wollen. Sie hätten zwar keine Correspondenz mit den 5000 Mann geführt, allein es werde solche in der Stadt München dirigirt, allwo mit den Unterländern und mit ihnen Tölzern, correspondirt würde; sie seien deßhalb auch des Jägerwirths aus München gewärtig.

Der Jägerwirth sei auch Tags darauf zu Tölz angekommen; was er mitgebracht, wisse er nicht, denn er sei mit **Gauthier** und den Truppen nach Wolfratshausen marschirt. Der Commissär **Fuchs** und der Jägerwirth aber seien zu Tölz geblieben und erst spät Nachts nachgekommen. Zu Wolfratshausen habe man ihnen zwei Schlüssel vorgezeigt, welche zur Eröffnung des Walles gebraucht werden sollten. Die Schlüssel habe ein kleiner Kerl gezeigt, den man „den Springinsfeld" genannt; der habe sie wieder in die Tasche gesteckt. Derselbe sei auch mit nach München gerückt, doch wisse er nicht, wo er hingekommen. Zu Tölz habe der Pfleger von dort die Bauern kommandirt; auf dem Marsche sei es durcheinander gegangen, daß man selbst nicht wußte, wer kommandire. In Schäftlarn hätten die Bauern ein Haupt haben wollen; da seien die Pflegsrichter und Beamten, welche die Bauern hingebracht, in einer besonderen Stube zusammengetreten und hätten den Hauptmann **Maier** zum Ober- und den Lieutenant **Houis** zum Unterkommandanten gewählt. In Tölz sei öffentlich geredet worden, daß in der Stadt München beim weißen Bräuhaus die Bräuknechte und Studenten, auf dem Franziskaner Freithof die übrige Bürgerschaft mit bei dem Palaste die Hofbedienten zusammenkommen, und das Zeichen des Angriffs, zwei Raketen, auf einem Thurme aufgehen sollten, wahrscheinlich auf dem lieben Frauenthurme. Die Correspondenz hätten Commissär **Fuchs**, Lieutenant **Houis** und der Jägerwirth geführt. Im Dorfe Solln, bei Sendling, habe er wohl einen Zettel in der Hand des Hauptmann **Maier** gesehen, den der Khidler im Thal geschickt. Das Manifest, das der Tambour nach München gebracht, habe er nur zum Theil ablesen gehört. Die ganze Sache sei schon abgeredet gewesen, ehe er dazu gekommen. Es habe auch die Bauernschaft den Offizieren nicht gefolgt; denn sie hätten die Truppen wieder zurückführen wollen, und seien bis Bayerbrunn bei außerhalb Stunden zurückgegangen. Da sei der Jäger **Adam** gekommen und habe Alles wieder marschiren gemacht, mit den Worten: Sie, die Schützen, wollten die Sache allein ausführen und ..... die Offiziere, mit einander massacriren, wenn sie nicht mitmarschiren wollten. Sie hätten demnach mitmarschiren müssen; es sei aber keiner mit vor München gekommen, sondern seien alle zu Sendling geblieben, außer, daß sie der **Houis** in Ordnung gestellt; doch auch dieser sei nicht mit vor München gerückt. Die Bauern hätten sich darauf verlassen, daß gleich beim Angriff auch in der Stadt Lärm werde; ist aber nicht ein Schuß aus der Stadt geschehen, sondern hat sich gleich Alles ergeben. Er (Clauze) und **Gauthier** seien gleichsam nur en passant, indem sie nach Braunau gewollt, zu diesem Werke gekommen, wo vorher schon Alles angesponnen, wie der Jägerwirth und der Student **Passauer** versichert. — Zu Tölz habe er gefragt, ob man denn auch mit Munition versehen sei, und zur Antwort erhalten, es werde

Pulver von München kommen, und dasselbe auf des Herrn von Mayr's Schwaige auf der oberen Papiermühle abgeholt werden. Des andern Tags habe ihm der Pfleger von Tölz das Pulver auf dem Floße gezeigt, es war in vier Tonnen aufbewahrt. Die Beamten, so zu Schäftlarn die Commandanten erwählt, seien gewesen: der Pfleger von Tölz, der Pfleger von Aibling, Baron Schmitt, der Pfleger von Tegernsee, welcher ganz grün gekleidet gewesen, der Richter von Benediktbeuern und andere mehr. Als er mit dem Gauthier zu Benediktbeuern gewesen, hätten sie dortselbst die Messe gehört und mit dem Prälaten selbst geredet. Der Gauthier habe ihm seine Intention eröffnen lassen, und gefragt, ob denn auch dem Pfleger zu Tölz zu trauen sei, worauf der Prälat erwiederte: Der Pfleger habe erst Tags vorher im Kloster gespeist und werde ihm wohl zu trauen sein, da er selbst dabei interessirt sei. Der genannte Pfleger und Lieutenant Houis seien schon öfter mit einander im Kloster gewesen." Der Herr Prälat habe ihn (Clauze) und Gauthier in der Zehrung befragt und sei der Klosterrichter mit ihnen auf Tölz gefahren und habe sie postfrei gehalten. Auf einem Zettel, den der Baumeister geschickt haben soll, sei die Anrückung gegen München dann dissuadirt worden, jedoch mit dem Beisatze, daß man in der Stadt zwar dermalen nicht im Stande sei; wenn sie aber draußen es auf ihre eigene Gefahr unternehmen wollten, würde man in der Stadt sehen soviel als möglich ihnen beizustehen."

Vier Wochen blieb Clauze im Verhaft, da wurde am 29. Januar des Jahres 1706 das Urtel über denselben publizirt und vollstreckt. Es lautete: [52])

End=Urtel

in peinlichen Sachen Johann Clauze, abgedankter Oberlieutenant, im Herzogthum Cillich, zu Waßenberg gebürtig, verheirateten Standes betreffend.

Würdet hiemit auf sein gütlich gethanes Bekanntnuß, gründlich befunden und erfahrung der wahrheit (so Alles geschehen nach Laut Kaiser Karls V. höchstseel. angedenkens peinlichen Halsgerichtsordnung), durch mich, Adam Dionysium Clauner, beider Rechten Licenciaten, Ihro Römisch Kayserl. Majestät Bauerichtern Oberlands Bayrn, auch Hofgerichts Advocaten daselbst, zu peinlichen Rechten erkennt und gesprochen, daß besagter Johann Clauze, weillen selbiger den verdammten Aufstand freiwillig mit- und beigeholfen, ihm selbst zu einer wohlverdienten Straf, andern aber zu einem Schrecken, mit dem Schwerte vom Leben zum Tode hingerichtet werden solle. Alles von peinlichen Rechtswegen.
actum et publ. München, den 29. Jäner 1706.

Gleichzeitig war über Aberle, Senser und Rhidler das Urtel gesprochen worden, und wurde dasselbe auch an diesem Tage an ihnen vollzogen. Auf öffentlichem Markte (dem jetzigen Marienplatze) war das Schaffot errichtet worden. Clauze war der erste, der das Blutgerüst besteigen und seinen Hals dem Henker hinhalten mußte; — er bekam vier entsetzliche Hiebe — so meldet ein zeitgenössischer Bericht! [53])

Wenden wir uns nun zu seinem ehemaligen Kriegskameraden und nunmehrigen Todesgefährten!

Johann Georg Aberle. Derselbe [54]) war geboren zu Eßlingen in Württemberg, wurde Adjutant im Churbayerischen Infanterie-Regimente Lützelburg, in welchem er bis zur Auflösung der bayerischen Miliz verblieb. Den Eid, nicht wider den Kaiser zu dienen, hat er jedoch nicht geschworen. Nach der Reduction hielt er sich einige Zeit in Tölz auf, da er in sein Vaterland Württemberg nicht zurückreisen wollte. Bezüglich seiner Betheiligung am Aufstande gab er in dem Verhöre, welches mit ihm am 29. Dezember 1705 vorgenommen worden war, an:

In Tölz habe der Lieutenant Houis, welcher ehevor im Regiment Lützelburg, und dann unter der Garde gedient, die Leute zusammengebracht, und mit dem Pfleger von Tölz den Anfang zu diesem Aufstande gemacht. Er, Aberle, habe noch einen Cameraden gehabt, welcher früher Corporal unter Merci gewesen. Der habe sich mit ihm gegen das Traunsteinische zu retiriren wollen, als sie sahen, daß der Pfleger und Lieutenant Houis den Aufstand erweken. Doch Houis, hievon benachrichtigt, habe ihnen zugesprochen, sie sollten bleiben, die Leute wollten vor München gehen, und würde es bald besser werden. Damit hätten sie sich überreden lassen. Der Oberjäger von Mittenwald und der Oberschreiber von Tölz hätten auch helfen die Sache aufwiegeln, und sei der erstere gegen Weilheim, der letztere gegen Rosenheim geritten. Auf die Frage des Inquirenten, wie er die Attaque gegen den Thurm am Isarthor geführt, gab Aberle zur Antwort, es sei noch ein Lieutenant, welcher zwar bei diesen Truppen erst dazu gemacht worden, mit 400 Mann gegen den Thurm kommandirt worden, und habe er dieses Corps nur geschlossen. Bei ihrer Anrückung nicht weit vom Jung'schen Garten gegen das Krankenhaus sei eine Schildwache gestanden, die sie angerufen; und da sie endlich an den Isarthurm gekommen, sei derselbe schon leer und unbesetzt gewesen.

Auch Aberle wurde am 29. Jäner 1706 das Urtheil verkündet, das da lautete,³³) mit dem Schwerte vom Leben zum Tode gerichtet zu werden. Nach seinem ehemaligen Kriegsgefährten Clauze bestieg er das Schaffot und versprizte sein Blut für seinen obersten Kriegsherrn, dem er den Treueeid geschworen und gehalten hat.

Zwei Offiziere der churbayerischen Armee waren unter dem Henkers-Schwerte gefallen, — nun kam die Reihe an die bürgerlichen Opfer.

Sebastian Senser war von Vinschau gebürtig, wo er um das Jahr 1665 das Licht der Welt erblickte. Er kam in seiner Jugend nach München und erhielt da in der churfürstlichen Fabrica eine Stelle. Hier lernte er die Wittwe des Bürgers und Eisenkramers **Johann Sedlmair**, Namens **Ursula** kennen, welche das Edhaus an der Sendlingergasse und dem Färbergraben eigenthümlich sammt einer Eisenkramerzunft besaß,³⁶) welches jetzt die Hs.-Nr. 87 führt und dem Eisenhändler August Theodor Baumann gehört. Um sie zu ehelichen, stellte er an den Rath der Stadt das Gesuch, ihn für einen Bürger und Kramer, auch Eisenhändler anzunehmen und gab hiebei an, daß sein Vermögen 500 fl., jenes der Wittwe 2000 fl. betrage. In der Sitzung vom 21. März 1691 wurde dem Gesuch, da die Vierer beider Zünfte keine Erinnerung erhoben, genehmigt, und zwar gegen Erlag von 30 fl. Bürgerrechtsgebühr. Außerdem hatte er — laut der Stadtkammer-Rechnung ³⁷) 5 fl. halbes Zunftgeld und 12 fl. Rüstgeld zu bezahlen. Trauen ließ er sich in der Marienkirche zu Tuntenhausen.³⁸) Mit seiner Ehewirthin übte er nun in dem oben erwähnten Hause und im Laden, der noch jetzt demselben Zwecke dient, die Eisenhandlung aus. Nachdem er Bürger der Stadt geworden, wurden ihm bald auch bürgerliche Ehrenämter übertragen, wie Vormundschaften (1691 die Saulenhofer'sche) ³⁹), die Stelle eines Stadtgerichtsaffessors, eines Fähnrichs bei der Bürgerwehr. In der Rathssitzung vom 16. September 1695 wurde er sogar schon — anstatt des verstorbenen **Johann Pichler**, gewesten des äußern Raths und Handelsmanns, — in den äußern Rath erwählt ⁴⁰) und berufen. Als solcher mehrte sich sein Ansehen und sein Einfluß, er gewann bald das Vertrauen der Rathsfreunde und Bürgermeister, und wurden ihm eine große Zahl von, zum Theil wichtigen Commissionen und Deputationen übertragen, so die Aufsicht über die Stadtthore und die Schlüssel zu den Verschanzungen, das Quartieramt, die Unschlittcommission, die Verwaltung des Gotteshauses St. Ursula zu Schwabing ꝛc. Durch eine sonderbare Fügung finden wir **Senser** im Rathsprotokolle unterm 18. September 1705 mit seinem Collegen im Rathe und baldigen Genossen im Tode, **Johann Jäger**, zusammen zur Commission Namens der abwesenden Erben der verstorbenen Apothekerin **Elisabeth Weigl** bestimmt.⁴¹) So möchte man fast zu dem Schlusse kommen, daß die gemeinsame dienstliche Thätigkeit der beiden Männer auch eine der Ursachen gewesen, welche dieselben auf anderem Gebiete zusammengeführt und zu Verbündeten gemacht hat. **Sebastian Senser** zählte zu den wohlhabenden Bürgern Münchens, das geht aus dem Steuerbetrage hervor, mit dem er angelegt war, er zahlte bereits im Jahre 1697 11 fl. 2 ß. 3 dl. Steuer ⁴²) von seinem Hause an der Sendlingergasse, und besaß auch einen Hof zu Trudering. Er hatte aber auch ansehnliche Verwandte, sein Bruder **Johann** war churfürstlicher Hoftammerrath und selbst in günstigen Vermögensverhältnissen lebend.⁴³)

Daß ein Mann, wie **Senser**, durch seine Theilnahme an dem Unternehmen demselben nur förderlich sein konnte, bedarf wohl keiner weiteren Begründung. Durch seine Stellung als Rathsherr, dem die Schlüssel zu den Verschanzungen anvertraut waren, und durch sein Geschäft konnte ihm eine der wichtigsten, wenn auch gefahrvollsten Rollen zugetheilt werden, die im Mißlingensfalle freilich den Kopf kosten konnte. Er hat sie muthig und unerschrocken übernommen, er hat den Bauern Pulver und Handgranaten und sonstige Munition nach Tölz geschickt, er war bereit, den Vaterlandsvertheidigern die Thore der Stadt zu öffnen und die Schlüssel zu den Verschanzungen zu übergeben. Das waren aber auch die ihm zur Last gelegten Verbrechen, wegen der ihm am 29. Jäner 1706 nach wiederholten Verhören das Todesurtheil gesprochen wurde."¹)

Da erlebte die Stadt München das traurige Schauspiel, daß einer ihrer Bürger und Rathsherrn auf öffentlichem Markte als Hochverräther mit dem Schwerte hingerichtet wurde, dessen Verbrechen Treue zum angestammten Herrscherhause, Liebe zur Vaterstadt gewesen.

Senser's Ehe war kinderlos geblieben; sie scheint aber in der letzten Zeit auch nicht vollkommen glücklich gewesen zu sein: denn in der Session des Raths vom 3. Juli 1705⁶⁵) wurde ein Gesuch der Frau Ursula Senser genehmigt, worin sie um eine Commission zwischen ihr und ihrem Ehemanne wegen nothwendig gewordener Vermögensabtheilung bat. Zwischen den beiden Eheleuten kam jedoch ein Vergleich zu Stande wegen Ueberlassung des Hofs zu Trudering und Anderem; derselbe wurde vom Rath in der Sitzung vom 11. September 1705⁶⁶) ratifizirt mit dem Beifügen, daß die beiden Eheleute gleichwohl bei hochgeistlicher Obrigkeit die Toleranz für das Nichtbeisammenwohnendürfen zu erwirken hätten.

Der 29. Jäner 1706 hatte Frau Ursula Senser zur Wittwe gemacht — doch dem Schicksale genügte es nicht an dieser Prüfung, die allein schon gräßlich genug gewesen, es legte der armen, unglücklichen Frau noch eine zweite auf, sie war — wie wir aus dem Rathsprotokolle vernehmen, ganz erblindet! „Ein ꝛc. Rath hat" — so lautet ein Eintrag im Rathsprotokoll dd. 1. Februar 1706⁶⁷) — „auf Proposition des Stadtunterrichters resolvirt, daß, da Johann Sebastian Senser, gewester des äußern Raths und Eisenhändler, nunmehr justifizirt worden, — und die hinterbliebene Wittib ganz blind ist, sowohl der Handlung als Verwaltung des Hofs zu Trudering halber curatores bonorum bestellt und die von der Wittwe vorgeschlagenen, nemlich Benedikt Khriegl, Lebzelter, und Leonhard Steigenberger, Bäcker, beide Bürger allhier und nächste Nachbarn hiezu angenommen und verpflichtet werden sollen". Tragisch nimmt sich ein weiterer, in derselben Raths-Sitzung geschehener Vortrag bezüglich des Senser aus: „Kraft eines von der chfstl. Hoffkammer unterm 22. Jäner allergnädigst ausgefertigten Befehls, so auch den 1. dß. präsentirt worden" — heißt es im Rathsprotokoll⁶⁸) — „würde bedeutet, daß, weil Joh. Senser, gewester des äußern Raths und Eisenhändler schuldet dem Bergamt Fichtelberg 156 fl. 48 kr., und nach Bodenwöhr über bezahltes 55 fl. empfangenen Eisens halber noch restirt, derselbe verfänglich angehalten werden soll, berührten Rest nunmehr völlig abzustatten und dem Hofkammerregistrator Kablein als Bergamtsagenten einzuhändigen." Der Rathsschluß lautete hierauf: „Weilen der Senser bereits justifizirt worden, als sei dieser zur Commission zu geben." Unterm 12. Februar⁶⁹) ernannte der Rath als Commissäre zur Auseinandersetzung der Senser'schen Verlassenschaft die Rathsmitglieder Gnärz und Mayr. Auch weitere Forderungen wurden nunmehr angemeldet, so vom Gegenschreiber Johann Mich. Khlieber⁷⁰) zu Anschau im Betrage von 446 fl. 56 kr., von Math. Schmädl⁷¹) weißen Bierwirth ob der Au eine solche von 75 fl. Die kaiserliche Hoffkammer verlangte,⁷²) es sollen die 55 fl. die Senser nach Bodenwöhr schuldete, executionsweise von den Erben eingetrieben werden, worauf jedoch der Rath durch Beschluß vom 7. Mai 1706 erwiderte, daß man eben mit der Untersuchung des Senser'schen Vermögens- und Schuldenwesens begriffen sei, und die Interessenten nächstens hiezu citiren werden. Von der kaiserlichen Administration war — wie in der Rathssitzung vom 21. März 1706 vorgetragen wurde,⁷³) der geheime Kanzleiverwandte Andreas Schmid empfohlen worden, daß ihm zu der Senser'schen Eisen- und Kramerzunft, weil die Wittwe dieser nicht mehr vorzustehen vermag und sie deshalb in fremde Hände fallen würde, verholfen werde, wofür Seine Majestät es in anderweg erkennen wollten. Der Rath beschloß, hierüber vorerst die Wittwe zu vernehmen, welche jedoch Erklärung dahin abgab, sie könne sich noch nicht wegen Ausderhandlassung ihrer Zunftgerechtigkeit aussprechen, bevor sie nicht wisse, wie weit das Senser'sche Schuldenwesen sich belaufen werde.⁷⁴) Unterm 14. Juni 1706 stellte Maria Ursula Senser an den Rath die Bitte um Abordnung einer Commission behufs der Auf- und Uebernahme ihres letzten Willens. Es wurden hiezu Seitens des Raths Friedrich Albert Hörl und Georg Ignatius Schobinger nebst dem Stadtschreiber Feure bestimmt,⁷⁵) welche sich alsdann zu der Wittwe begaben. In ihrer Gegenwart machte dieselbe ihr Testament, und übergab es der Commission mit der Bitte, es ad acta zu nehmen und nach ihrem Tode zu vollziehen. In der Sitzung vom 18. Juni desf. J.⁷⁶) genehmigte der Rath dieses Gesuch, ließ das Testament durch die Stadtkammer ad depositum nehmen und der Testatrix Recognitionsschein ausstellen. Unterm 16. August 1706 [77]) stellte Ursula Senser die Bitte, da die bisherigen Curatoren nicht mehr bei der Curatel bleiben, sondern Rechnung ablegen wollen, die vorhandenen Waaren zu inventarisiren und zu obsigniren; in der Raths-Sitzung vom 23. August [78]) aber wurde das weitere Gesuch der Ursula Senser vorgetragen, daß sie ihre Eisenhandlung und Kramerzunftsgerechtigkeit ihrem Vetter Johann Vollgruber, Schönfärber ob der Au überlassen, die nunmehr inventarisirten und obsignirten Waaren zu sich nehmen und — „salico ipsius jure, und weil sie hierumben genugsam angesessen", — versilbern dürfe. — Zugleich stellte Vollgruber die Bitte, ihn demnach als Bürger aufzunehmen. In seinen Sitzungen vom 22. Oktober und 5. November desf. Jahres genehmigte der Rath die beiden Gesuche der Ursula Senser sowohl als des Joh. Vollgruber. — Unterm 25. Juni des Jahres 1708 erbot sich endlich der Hofkammerrath Johann Senser, seines verstorbenen Bruders Sebastian seelig Vermögen cum beneficio legis et inventarii anzutreten und begehrte daher die Extradition des Inventars. [79])

Noch im Jahre 1708 reichte der Bürger, Handelsmann und Stadtgerichtsassessor Christian Gottlieb Timpfl zu Regensburg ein Promotorialschreiben gegen Seb. Senser, seelig, wegen Schulden ein. [80]) Das Rathsprotokoll desselben Jahres verzeichnet uns ferner eine pietätsvolle Handlungsweise der Ursula Senser. [81]) Ihr Ehemann hatte — als Verwalter des Gotteshauses St. Ursula zu Schwabing, — bei demselben eine Schuld von 2000 fl. contrahirt, und diese, wie seine übrigen Schulden nicht mehr berichtigen können, da seine Verhaftung und sein jähes Ende ihm die Ordnung seiner Angelegenheiten unmöglich gemacht hatte. Die Wittwe erbot sich nun, diese Schuld ihres Ehemannes als constitutum mittels Transportirung von 2000 fl. Landschaftskapital und 4% jährlichen ausständigen Interesse pro quantitate debiti abzurichten, wogegen der Stadtmagistrat und die jetzigen Kirchen-Verwalter dieses Gotteshauses Rechte, so sie bei ihres Ehemannes seelig Vermögen, da eines vorhanden oder noch hervorkommen sollte, gehabt hätten, ihr cediren wollten. Nach Einvernahme der Verwalter des besagten Gotteshauses beschloß der Rath in seiner Sitzung vom 28. April 1710, mit Rücksicht darauf, daß bei der Senser'schen Verlassenschaft und der vorhandenen Schuldenlast dem Gotteshaus St. Ursula leicht noch Ungelegenheiten entstehen könnten, den Antrag der Wittwe Senser zu genehmigen, und deßhalb an den geistlichen Rath zu berichten. —

Acht Jahre überlebte die blinde Wittwe das schauerliche Ende ihres Mannes — da — es war am 2. September 1713 — erlöste der Tod auch sie von aller Erdenpein, von ihrer Wohnung am Färbergraben trug man sie nach dem St. Peters-Gottesacker zur letzten Ruhestätte. [82])

Und nun zum vierten, zum unglücklichsten Opfer des 29. Januar 1706!

Johann Georg Rhidler war von Jännig gebürtig und erlangte i. J. 1700 das Bürgerrecht zu München, wofür er 7 fl. 3 ß. 15 dl. Gebühr zu entrichten hatte, außerdem als Weingastgeb 11 fl. 3 ß. Zunftgeld und endlich 4 fl. Rüstgeld. [83])

Am 11. Oktober 1700 wurde er in der Frauenkirche getraut mit Maria Elisabeth, der hinterlassenen Wittwe des Caspar Höch, des Raths und Gastgebs zu München, wobei Johann Vapichler, des Raths und Handelsmann und Johann Jäger, Bürger und Weingastgeb als Zeugen fungirten. [84])

Maria Elisabeth Rhidler war die Tochter des i. J. 1676 verlebten Raths und Gastgebs Johann Huber und seiner i. J. 1688 verlebten Ehefrau Susanna, und erbte nach dem Ableben ihrer Mutter das elterliche Haus im Thal, welches nunmehr die Hs.-Nr. 30 trägt. [85]) Sie verehelichte sich am 4. Mai 1683 mit Caspar Höch und gebar demselben sieben Kinder, Namens Joseph Anton, Franz Ferdinand, Johannes, Johann Andreas, Maria Anna, Maria Susanna und Maria Theresia, [86]) und brachte dieselben ihrem zweiten Ehemann, Rhidler in die Ehe, von welchem sie jedoch keine weiteren Kinder gewonnen zu haben scheint. [87]) Auch Rhidler gehörte zu den wohlhabenden Bürgern der Stadt, denn nach dem Steuerbuche war er für sein besagtes Haus im Thal i. J. 1705 mit 9 fl. 4 ß. 28 dl. angelegt, und da im selben Jahre noch anderthalb Extrasteuern erhoben wurden, hatte er einen Gesammtbetrag von 24 fl. 1 ß. 25 dl. zu entrichten.**)

Khidler stand mit dem Jägerwirth nicht bloß in freundschaftlichen, sondern auch in verwandtschaftlichen Beziehungen (von Seite des ersten Mannes seiner Frau her, wie wir weiter unten sehen werden). Jäger war außerdem noch Vormund der Stief-Kinder Khidler's.**) Daher erklärt sich wohl auch seine hervorragende Theilnahme an dem Aufstande. „Sein Verbrechen war" — so lautete der oben bereits erwähnte zeitgenössische Bericht **) — „daß er nebst dem Jägerwirth der Hauptanführer gewesen und auf die Gerichte Erding, Schwaben 2c. gereist, solche zum Aufstand veranlaßt, dasigen Weißbierbräumeister bestochen, daß er ihm die Thüre beim Bräuhause auf Anrücken der Bauern öffnen sollte, welches jener auch bewilligt; hierauf habe er in der Stadt Anstalt gemacht, daß die Studenten auf dem Anger, die Hofbedienten vor der Residenz und die übelgesinnten Bürger bei den Augustinern zusammenkommen, die Besatzung gleich ihres Gewehres berauben und sich eines Thors bemächtigen solle, da man dann mit Granaten das Zeichen der bäuerlichen Anrückung hätte geben wollen." Doch lassen wir den Khidler selber wiederholen, was er in dem mit ihm am 29. Dezember 1705 vorgenommenen Verhöre ausgesagt: „Er wisse über den Beginn des Aufruhrs weder Anfang noch Ende, außer daß ihm zwei Zettel zugekommen, deren einen der Siegel Barthel, sonst Barthel Hermann, ein Metzger überbracht. Diese Zettel wären zwar nicht an ihn gerichtet gewesen, er habe sie aber doch gelesen und auf den ersten schriftlich geantwortet, daß nichts zu thun sei, weil das Wend'sche Corpo in der Nähe stehe und sie dem Feinde in die Mitte kommen würden; sie sollten sich zurückziehen. Auf die Frage: „ob nit Inquisit dem Osnabrückischen, bei ihm im Quartier liegenden Lieutenant Fraun schon vor 14 Tagen gesagt, sie werden nit viel Suppen mit einander essen, die Bauern würden bald kommen; es wäre besser, er nähme Dienst bei ihnen" — antwortete Khidler: „Nein, hievon wisse er Nichts, weil er aber zu Zeiten in Vexation gesetzt worden, denn der Fähnrich zuweilen gesagt habe, wenn die Bauern kommen, was zu thun sei, habe er geantwortet: er wolle ihn dann in das Stüblein, wo er jetzt liege, einsperren, da thue ihm kein Mensch Nichts." Weiter wurde ihm vorgehalten: „Vergangenen heiligen Abend habe ihm der Meister Castner, Pastetenkoch, einen Zettel überbracht, den er im Stalle gelesen; er solle dessen Inhalt offenbaren." Seine Antwort hierauf lautete: „Der Koch habe ihn selbst in den Stall geführt, und den Zettel lesen lassen; dessen Inhalt war: er, Jägerwirth, bitte um Gotteswillen, man solle ihm Kundschaft schicken, wie es stehe, und solle sehen, daß man den Hauptmann Schweiger herausbringe, sie sehen ihn gerne, habe dreimal um Gotteswillen gebeten."

Khidler wurde — fährt das Verhörs-Protokoll fort — bei längerem Läugnen in loco torturae weiters befragt: „Nun solle er aufrichtig aussagen, wer die eigentlichen Rädelsführer gewesen und was verabredet worden?" Antwort: „Es sei der Wirth von Anzing, der Jägerwirth, er (Khidler) und der Hallmair-Bräu gewesen, welche diese Unterredung gepflogen, daß, weil man insgemein sage, man wolle die Prinzen wegführen, daß sie dieses verhüten wollten machen, und daß sowohl die Tölzer, als wie die über der Isar gelegenen Gerichter sollen aufstehen und mit einer großen Armee vor die Stadt ziehen und dadurch die Garnison zwingen, daß sie das Gewehr niederlegen und die Stadt aufgeben müsse, wo dann die Bürgerschaft die Prinzen in Verwahrung und Sicherheit bringen wollte. Ligatus wurde nochmals gefragt, er solle sagen, was er wisse, und den ganzen Complott entdecken, was in der Stadt hätte geschehen sollen. Er sagte aber, er wisse nichts Mehreres zu sagen, als er wirklich gesagt. „Wurde hierauf aus bewegenden Ursachen ohne wirkliche Tortur wieder ausgeschlagen" — also schließt das Verhörsprotokoll.

Nach weiteren Verhören wurde auch über Khidler das Urtheil gesprochen, das lautete: „Wird mit dem Schwert vom Leben zum Tod gerichtet, und nach solchem dessen Körper in vier Theile zerhaut, jedermänniglich zu einem Schrecken und Exempel auf öffentlicher Landstraße, der Kopf aber auf den äußeren Isarthurm gesteckt; auch sollen dessen Güter und Vermögen confiscirt werden."**)

Nachdem die Häupter seiner Schicksalsgenossen Clauße, Aberle und Senser gefallen, bestieg auch Khidler am 29. Januar 1706 das Blutgerüst auf dem Marktplatze, wo das schauerliche Urtheil an ihm vollzogen wurde. Die Viertheile" — so lautete der mehrerwähnte zeitgenössische Bericht

— „hing man an die vier Hauptstraßen; der Kopf mußte auf dem Isarthurme, den die Bauern am ersten eingenommen, auf einem Eisen stecken (allwo er zeigte, was Untreue und Verrätherei für Ende gewinnen."*³)

Der Schreckenstag hatte auch im Khibler'schen Hause eine Frau zur bejammernswerthen Wittwe gemacht und ihren Kindern die Stütze entzogen. Schwer ruhte auf dem Hause des Schicksals Hand, denn es war zur Strafe — zugleich mit des Jäger's, Senser's, Mader's und Hallmair's Häusern zur Kaserne für die vermehrte Garnison — bestimmt worden.*⁴)

Bereits unterm 4. Januar 1706*⁵) hatte Maria Elisabeth Khibler dem Rath ein Memoriale überreicht, worin sie bat, es möge ihr wegen ihres anläßlich des Bauernaufstandes verhafteten Ehemannes, zumal sie an seinem Beginnen keinen Antheil und keine Kenntniß davon gehabt, an ihrem Vermögen Nichts zu Schaden gereichen, und möge man ihr mit einem gedeihlichen Berichte an die Hand gehen. Die gleiche Bitte stellte auch der zweite Vormund ihrer erstehelichen Kinder. Der Rath beschloß, das Gesuch mit Bericht an die kaiserliche Administration abzugeben.

In der Rathsitzung vom 25. Januar*⁶) wurde an Stelle des in Verhaft liegenden Jägerwirths der Bürger und Lebzelter Christoph Daxenbacher als Vormund ihrer erstehelichen Kinder neben Johann Vapichler, des äußeren Raths und Handelsmann aufgestellt.

„Ein wohlweiser Rath hat — so schrieb der Stadtschreiber am 1. Februar 1706 in das Rathsprotokoll*⁷) — auf Proposition des Stadtunterrichters resolvirt, daß, weil Johann Georg Khidler, Weinzapfger, nunmehr justifizirt worden, der Kinder und Wittwe Ordentliches obsignirt werden solle."

Die beiden unglücklichen Wittwen Khibler und Senser richteten nun an den Rath ein Memoriale bezüglich der beabsichtigten Umwandlung ihrer Häuser zu Kasernen mit der Bitte, selbe mit einem nachdrücklichen Berichte an die kaiserliche Administration zu begleiten. In der Session vom 1. März beschloß der Rath*⁸), es sollen dieselben mit einem umständlichen Remonstrationsbericht ob periculum in mora noch selbigen Tages zur kaiserlichen Administration begleitet, zugleich auch die von der Khiblerin einige Tage vorher wegen Erleichterung der ihr auferlegten schweren Quartierlast eingekommene Supplik beigelegt und der Creditoren großer Schaden dabei vorgestellt werden.

Der energische Bericht des Raths hatte gewirkt: bereits Tags darauf (2. März) wurde auf Grund kaiserlichen Administrationsbefehls resolvirt*⁹), „daß des justifizirten Khidler's und entwichenen Hallmair's Häuser zu den Kasernen nicht mehr applizirt werden sollen, sonst aber würden Se. Kaiserl. Majestät wegen des Senser's und Jägerwirths Behausung ehestens die Resolution abfassen, wie es damit gehalten werden soll. Damit aber in Jäger's Haus nicht Alles distrahirt werde, haben Bürgermeister und Rath die vorhandene Fahrniß sogleich inventiren und sodann das Meiste den Kindern zu Gute anlegen zu lassen. In der Session vom 3. März, wo dieser kaiserliche Administrationsbefehl verlesen wurde, beschloß der Rath, denselben den Interessenten zu publiziren, und zwar der Khiblerin, dem Vormund der Khibler'schen Kinder, Christoph Daxenbacher, der Hallmaierbräuin und deren Beistand Hans Georg Kopp; ferner anstatt der Senserin dem Lebzelter Benedikt Khriegel und im Namen der Jägerin dem Procurator Lechner.

Auf's Neue wurde die Wittwe Khibler allarmirt, da ihr der Oberkommissär Pöckh eröffnete, daß sie von ihrem Hause einen Jahreszins zahlen müsse, inmassen dasselbe ihres Ehemanns halber confiscabel sei. — Sie wendete sich deßhalb wieder an den Rath mit der Bitte, ihr bei der kaiserlichen Administration an die Hand zu gehen. In der Sitzung vom 28. Juni*¹⁰) wurde hierüber vorgetragen und theilte Bürgermeister Schobinger mit, daß er dem Herrn Oberkommissär vorgestellt, es sei eine ganz andere schriftliche und mündliche Resolution von der Administration wegen der Behausung vorhanden, wogegen Herr Pöch vermeldete, daß bei solcher Bewandtniß es dabei sein Verbleiben habe. Der Rath beschloß demnach: es sei abzuwarten, bis die Khibleriu angefochten werde, wonach man ihr mit einem Berichte an die Hand gehen werde.

Die große Zahl von Kindern und die Sorge um ihr Geschäft mögen wohl Veranlassung gewesen sein, daß Maria Elisabeth Khibler an die Eingehung einer dritten Ehe dachte. Sie heiratete im Jahre 1707 (am 29. August)¹⁰²) den Apothekergesellen **Ignaz Paurnschmid**, weiland Peter Paurnschmid, gewesten Bürgers und Gastgebs zu Erding hinterlassenen ehelichen Sohn, welcher 300 fl. erspartes Vermögen besaß, während der Braut Vermögen in 2600 fl. bestand, wobei jedoch konstatirt wurde, daß die Zunft von den Eltern der Rhidlerin herrühre. Der Rath gab auch seine Einwilligung, daß derselbe als Bürger und Weingastgeb aufgenommen werde. Aber diese Ehe war nicht glücklich. Die erste Ursache waren unbezweifelbar die großen Lasten, welche schon die Rhidler'schen Eheleute durch die Okkupation und nach des Rhidler's Hinrichtung die Wittwe durch die ihr speziell auferlegte große Einquartirung zu tragen hatte, und welche nicht bloß das Aufblühen des Geschäftes hinderten und den Wohlstand der Familie untergruben, sondern geradezu den Grund legten zu der letzteren allmähligem Herabkommen. Schon 1708 stellte **Paurnschmid** ¹⁰³) das Gesuch, ein Erwiggeld von 1500 fl. auf das Haus im Thal aufnehmen zu dürfen. Der Rath beschloß jedoch, vorerst die Vormünder der erstehelichen Kinder zu hören, genehmigte aber dann nachträglich die Aufnahme. 1711 reichten bereits die genannten Vormünder Klage gegen die Paurnschmid'schen Eheleute in causa arresti ein.¹⁰⁴) In der Rathssession vom 26. August 1711 ¹⁰⁵) wurde von den Räthen **Jesinger** und **Guärz** über das gehaltene Protokoll zwischen Ignaz Paurnschmid und seiner Hauswirthin „wegen Uebelhausens" Vortrag erstattet und hierauf beschlossen, es sei dem **Paurnschmid** Abschrift des Protokolls mit dem Auftrage zuzufertigen, bei der nächsten Comuissionstagsfahrt zu erscheinen, um sich zu verantworten und sich auch in allerwegs gebührend zu verhalten, unterdessen aber Friede und Sicherheit zu halten. Im Jahre 1712 ¹⁰⁶) bat die **Paurnschmiedin** wieder, zu ihrer höchsten Nothdurft ein Kapital aufnehmen zu dürfen. Die Vormünder der erstehelichen Kinder aber klagten gegen die Mutter ihrer Pupillen ¹⁰⁶), daß den letzteren zu dem Ihrigen verholfen werden möchte. Der Rath ließ darauf der Paurnschmidin bedeuten, daß sie kein Geld aufnehmen dürfe. Im Jahre 1713 ¹⁰⁷) ging auch Ignaz **Paurnschmid** mit Tod ab, so war des Rhidler's Weib zum dritten Male Wittwe geworden. Sie wurde wiederholt belangt und klagte ihrerseits wieder gegen den Vormund ihrer Kinder um Geldertag ihres eigenen Gutes ¹⁰⁸), damit sie ihrem Sohne **Andreas Höch** die Barbierkunst erlernen lassen könne. Endlich i. J. 1714 ¹⁰⁹) kam ein Vergleich zu Stande in der Erbsauseinandersetzung zwischen der Wittwe, den Kindern erster Ehe, deren Vormündern und ihrem Schwiegersohne, dem Bürger und Uhrmacher **Cur**. Sie zahlte in diesem Jahre nur mehr 4 fl. 2 ß. 17 dl. Steuer. ¹¹⁰) Im Jahre 1722 verkaufte sie ihr Haus im Thal an den Bürger und Weingastgeb **Johann Ferdinand Ront**, blieb aber in demselben wohnen und ist erst nach dem Jahre 1735 mit Tod abgegangen. ¹¹¹)

> Schon viermal hat das Schwert geblitzt,
> Zum grausen Todesstreiche,
> Vier hatten schon ihr Blut verspritzt,
> Da wird so ernst das bleiche,
> Das letzte Opfer hergebracht . . . .

Diese Worte aus der vaterländischen Ballade „Die Marbacher", ¹¹²) welche eine ergreifende Volkssage aus der Zeit der Bauernerhebung und der Münchener Mordweihnachten behandelt, kommen uns unwillkürlich in den Sinn und in die Feder, indem wir anheben wollen, die Lebens- und Leidens-Schicksale des Hauptes der Erhebung zu schildern!

Johann Jäger (oder nach der damaligen Schreibweise Jeger, gemeinhin der Jegerwirth genannt), war geboren um das Jahr 1667 im oberbayerischen Markte Tölz, als der eheliche Sohn des Johann Jeger, des Raths, ältesten Bürgermeisters und Gastgebs dortselbst.¹¹³) Während sein Bruder in Tölz blieb und dortselbst Gastwirth wurde, begab sich Johann Jeger in die Stadt München und trat hier als Kellner bei Caspar Schrenvogl, des Raths und Gastgeb ein. Da lernte er **Anna Maria Poguer**, die Tochter Johann Poguers, gewesten Bürgers und Gastgebs, und seiner Ehefrau Maria, kennen, beschloß, sie zu ehelichen und sich in München als Bürger niederzulassen. Er richtete deßhalb im Jahre 1691 an den Rath das Gesuch, ihm die demselben heimgefallene Fries'sche Weinwirthsgerechtigkeit in Ansehung seiner treu geleisteten Dienste, und weil er die Pogner zu ehelichen vorhabe, zu verleihen, und erbot sich hiebei, den von Churfürstlicher Durchlaucht bestimmten Kaufschilling und Leihkauf alsogleich baar zu erlegen. Der Rath beschloß unterm 19. September 1691, es sei ihm dieselbe verliehen, doch müsse er die 400 fl. Kaufschilling und 20 fl. Leihkauf, dann auch, was wegen des Schilds gebräuchig, sogleich baar erlegen.¹¹¹) Unterm 3. Oktober 1691 erklärte der Rath, Johann Jäger sei als Bürger und Weingastgeb angenommen gegen Erlag von 18 fl. für das Bürgerrecht. Jäger hatte hiebei sein Vermögen, das er von seinem Vater erhalten würde, auf 500 fl., dann das väterliche und mütterliche Erbgut seiner Zukünftigen auf 700 fl. angegeben.¹¹²) Als halbes Innsigeld erlegte er am 10. November 11 fl. 3 ß., als Rüstgeld 3 fl. bei der Stadtkammer.¹¹⁶)

Am 23. Oktober 1691 führte er in der St. Peterskirche seine Braut zum Traualtare, wobei als Zeugen erschienen Caspar Schreyvogl, sein vormaliger Prinzipal, und der Gastgeb Caspar Solner. Die Trauung vollzog Conrad Kirchmayr.¹¹⁷) Seine Gattin hatte ihn mit folgenden Kindern beschenkt:

    a) Maria Barbara, geb. 2. Dez. 1690, getauft in der Frauenpfarrei,
    b) Maria Monica, geb. 10. Dez. 1692, getauft in der St. Peterspfarrei,
    c) Franz Carl, geb. 26. Jän. 1694, getauft ebenda.
    d) Maria Salome, geb. 10. Juni 1696, getauft in der Frauenpfarrei,
    e) Johann Benno, geb. 22. Juni 1697, getauft ebenda.
    f) Joseph Benno, geb. 16. Juni 1704, getauft ebenda.

Als Pathen standen bei sämmtlichen Kindern Thomas Wörner, Weinschreiber und dessen Ehewirthin Monica Margaretha bei.¹¹⁸)

Johann Jäger betrieb Anfangs seine Weinwirthschaft in der Rosengasse in dem Hause der ledigen Barbara Weinhardtin, zwischen der Bortenmachers Ferdinand Härtl und des Bierbräus Balthasar Hipper Häusern.¹¹⁵) Hier blieb er jedoch nur zwei Jahre, im Jahre 1694 zog er nach der Kreuzgasse (dem jetzigen Promenadeplatze), in das Haus des Michael Stolz, des Raths und Gastgeb, neben Martin Abel's, Eisenkrämers Haus,¹¹⁶) welch' beide Häuser da zu suchen sind, wo jetzt das Hotel zum Bayerischen Hof steht. Sein Hausherr Stolz war in jenem Jahre mit 33 fl. 3 ß. 22 dl. einfacher Steuer angelegt,¹¹⁷) Johann Jäger mit einer solchen von 2 fl. 6 ß.¹¹⁸) Endlich i. J. 1702 war Jäger so glücklich, ein eigenes Heim sich zu erwerben, indem er am 29. April jenes Jahres von den Stettner'schen Erben das Haus in der Engen Gasse (jetzigen Löwengrube) um 5800 fl. erkaufte, welches dem Frauenbad gegenüber lag, früher die Hs.-Nr. 1413 alt, dermalen die Hs.-Nr. 23 führt und Eigenthum des Glaswaarenhändlers Hildebrand ist.¹¹⁹)

Johann Jäger muß ein intelligenter, entschlossener und unternehmender Mann gewesen sein, dafür spricht schon die Thatsache, daß ihm ein Jahr nach seiner Bürgeraufnahme, da er selbst doch erst 25 Jahre zählte, bürgerliche Ehrenämter übertragen wurden, i. J. 1692 die Vormundschaft über seine Schwägerin Rosina Pogner (neben Franz Ammerländer, Bierbräuer)¹¹⁴), i. J. 1694 die Vormundschaft über die acht Kinder des verstorbenen Simon Stoigner, gewesten Materialbuchhalters in der churfürstlichen Fabrica¹¹⁵), i. J. 1700, wie oben erwähnt, jene über die Kinder des verstorbenen Caspar Höch.¹¹⁶)

Im Jahre 1700 reichte Jäger bei dem Rathe eine Bittschrift ein, „ihn anstatt seines verstorbenen Herrn Bruders Caspar Höch in den äußern Rath aufzunehmen." Beigelegt hatte er einen gnädigsten Befehl und Vorschrift Seiner churfürstlichen Durchlaucht vom 21. Januar 1700. Der Rath ging jedoch (in der Sitzung vom 26. Februar 1700) auf das Gesuch nicht ein.¹¹⁷)

Unterm 15./20. April erging an den Rath ein churfürstlicher Befehl, wodurch für Johann Jäger und ebenso auch für Johann Jacob Rem gnädigste Recommandation dafür eingelegt wurde, daß dieselben anstatt des verstorbenen Nicolaus Depar für einen äußeren Rath aufgenommen werden. In der Session vom 22. April wurde von den beiden empfohlenen Rem als äußerer Rath erwählt.¹¹⁸)

Doch Jäger und seine einflußreichen Freunde ruhten nicht, bis sie ihr Ziel erreichten. Wie das Rathsprotokoll besagt, „haben vermöge churfürstlichen Befehls vom 3./9. Jänner 1702 **Seine Churfürstliche Durchlaucht durch eigenes gnädigstes Handzeichen** das gnädigste Vorschreiben thun lassen, daß Johann Jäger, Bürger und Weingastgeb über die dermalige Zahl für einen äußern Rath angenommen werde, albergestalten Jäger einen inneren Rath unterthänigst belangt." Das Raths-Conclusum lautete: Sei in unterthänigster Consideration der gnädigsten Vorschrift über die Zahl für einen äußern Rath angenommen, und ihm nach abgelegter Pflicht die Session zu geben."[1])

Der besonderen Gunst des Churfürsten Maximilian Emanuel also hatte Jäger die Erlangung der Rathswürde zu verdanken. Sollte da — wie das Herz des gebornen Oberländers in anererbter Treue, nicht das Herz des jetzigen Münchener Rathsherrn in glühender Dankbarkeit für seinen fürstlichen Gönner geschlagen — sollte nicht diese vielleicht den Impuls für die spätere Handlungsweise Jäger's gegeben haben, der in der Ermuthigung, in der Leitung des Bauernaufstandes zur Rettung der churfürstlichen Kinder und zur Befreiung der Landeshauptstadt ein Mittel sah, seine Treue und Dankbarkeit zu bezeigen?

Auch Jäger wurden bald nach seinem Eintritte in den Rath, wie Senser, eine größere Zahl von Commissionen, Referaten und Rathsgeschäften übertragen, und wurde derselbe hiedurch, wie durch sein Geschäft, eine populäre Persönlichkeit. Daß letzteres seit der kaiserlichen Occupation nicht mehr recht in Flor kommen konnte, bedarf wohl keiner weiteren Begründung. Tief ging dem wackeren Manne das Loos des Vaterlandes zu Herzen — unendlich schmerzlich aber berührte es ihn, als auch er das Gerücht von der beabsichtigten Wegführung der Prinzen erfuhr. Nun galt es für ihn nicht mehr langes Besinnen, sondern entschlossenes Handeln, nicht auf Umwegen, sondern direkt von competenter Seite wollte er Aufklärung, Gewißheit sich verschaffen, und darum begab er sich, wie wir oben gesehen, mit dem Geheimsekretär Heckenstaller zum Grafen Joseph Törring, dessen Obhut die Prinzen anvertraut waren.[2]) Da die dort erhaltenen Aufschlüsse ihn nicht zu beruhigen vermochten, so fühlte er sich zu erhöhter Thätigkeit angespornt, und so wurde sein Haus an der Engen Gasse (im Thal ist der Jägerwirth nach den Steuerbüchern der Stadt nie gesessen) der Centralpunkt der Bewegung. Er leitete die geheimen Verabredungen in der Stadt, er besorgte die Correspondenzen und ritt wiederholt in's Oberland, um auch dort seinen Einfluß geltend zu machen.

Am Thomastag 1705 (21. Dezember) [3]) zwischen 11 und 12 Uhr kam er zum Anmeister Franz Taiser, wie später dessen Sohn Joseph Max Taiser eidlich deponirte, — und zugleich mit ihm der Koch Sebastian Engelhardt, dann ein langer Kerl, so Passauer genannt und tranken im Hause; Jäger gab vor, er reise um seinen Wein. Ihn, den Deponenten, habe er vor seinem Weggehen auf die Seite genommen und ihm mitgetheilt, daß man am Mittwoch vor der Stadt mit einer großen Macht kommen werde. Deponent solle dem Lehel und der ganzen Nachbarschaft bedeuten, daß sie vigilant seien, beim Haus bleiben und allerorten sein sollen. Er, Max Taiser, solle die Teichen beim Abrecher, um das Wasser zu nehmen, abhacken und den Kanal abgraben. Hierauf seien die drei weggeritten, und habe der Engelhardt das Gleiche gegen ihn geäußert. Pfingsttag, als am hl. Abend, um 8 Uhr Vormittags, sei ein ihm (Max Taiser) von Gesicht wohl, aber sonst unbekannter Mann mit einem rothen Bart und einer Fuchshaube zu ihm gekommen, habe ihm einen Brief gegeben, daß er den Entschluß, nemlich einen andern Brief, dem Wirth Rhibler bringen solle. Im Briefe sei enthalten gewesen, daß die Befreiung baldigst geschehen solle. Sie stünden mit 6000 Mann [4]) zu Solln und hätten Stück bei sich. Der Rothe aber habe gesagt, das Hauptquartier stehe zu Bayerbrunn, der Jägerwirth lasse ihn, Deponenten, bitten, er solle ihn bis über die Isarbrücke führen, er habe einen Brief an den Postmeister von Anzing, so er auch gethan. Nachgehends traf er (Max Taiser) beim Maderbräu den Sebastian Engelhardt, der sagte, daß die Schützen von Tölz gerade im Heranzug begriffen seien."

Bald nach dieser Zusammenkunft ritt Johann Jäger wieder zur Stadt hinaus, den herabziehenden Oberländern entgegen. Er erreichte sie in Schäftlarn, wo die letzten Verabredungen getroffen wurden. Der später gleichfalls inhaftirte Hauptmann Mathias Maier gab hierüber in dem mit ihm unter'm 28. Dezember 1705 vorgenommenen Verhöre Folgendes an: [5])

„Vom Kloster Polling sei er, Maier, nach Schäftlarn, wo er den Prälaten, der am Podagra krank lag, besuchte, um zu vernehmen, wie es denn dieser Orten stehe. Der Prälat habe geweint und gesagt: Er (Maier) möchte hinausgehen und sehen, wer die seien, die die Ausschreibung machten und wer ihr Commandant sei, er wüßte im Geringsten nicht, was für Leute da wären. Er ging also, sie aufzusuchen, und traf folgende Personen an einem Tisch beisammen, als den Commissär Fuchs, den Pfleger von Tölz, den Jägerwirth von München, einen, den man nur Herrn Passauer genannt, in einem schwarzen Rock und eigenen Haaren, dann den Lieutenant Houis als ihren Commandanten über den Tölzer Winkel, und einen Bürger von Tölz mit einem Schnurrbart. Diese hätten untereinander die aufgefangenen Posten und Correspondenzen ausgemacht, und ihm (Maier) zu vernehmen gegeben, daß die kaiserliche Administration die Prinzen nach Tirol führen wolle, was man nicht geschehen lassen könnte, und sonst der Churfürst zu seiner Zeit scharf ahnden würde, wie solches im Patente des Mehreren enthalten. Sie hätten auch ein kleines churfürstliches Wäpplein bei sich gehabt, womit sie die Befehle ausgefertigt. Der Jägerwirth und der Passauer haben das ganze Werk geführt, kleine Zettel geschrieben und mit eigenen Boten ausgeschickt, haben auch wieder dergleichen Zettel bekommen, Alles aber im Geheimen gehalten, außer einen, welcher in sich begriffen, daß man nicht rathsam finde, dermalen auszurücken, weil sie zu schwach wären; sie sollten sich lieber zurückziehen, bis die andern auch anrücken. Diese Zettel habe der Jäger Marx oder Adam[***]), welcher die Schützen kommandirte, zu Handen genommen. Ihm (Maier) hätten sie das Commando angeboten, welches er zum fünften Male geweigert; er wolle zwar mitgehen, aber nicht als Commandant. Es habe aber nichts geholfen, sondern geheißen: Sie müßten einen haben, der das Handwerk führe, worauf er ihnen gerathen, sich wieder zurückzuziehen, weil sie zu schwach seien, und keinen Proviant, keine Munition und keine Gewehre hätten, indem die Meisten nur mit Stecken, Gabeln und Sensen versehen. Als sie zu Thalkirchen gestanden, haben die ausgeschickten Reiter auf die Schützen getroffen, seien sie wirklich eine halbe Stunde weit zurückmarschirt und habe er dem Unterkommandanten Houis gesagt, daß er auch die Schützen nicht hinten anhängen solle; es sei nicht rathsam, weiter zu marschiren. Die Schützen sollten sich in Isarwinkel auf ihre großen Posten begeben, und die unbewaffneten Leute über die Brücke zu Schäftlarn nach Hause gehen lassen und bessere Kundschaft einziehen, weil schon totale Confusion vorhanden und die Leute nur auf die Fleischbank geliefert werden. Es sei aber darauf der Jägerwirth gekommen und habe gesagt, daß die Schützen nicht zurückmarschiren, sondern gegen München ziehen wollten. Man habe jetzt die schönste Gelegenheit dazu. Ein blessirter Reiter habe ausgesagt, da ihm die Seele fast auf der Zunge gesessen, daß man in der Stadt nicht mehr als etwas über 1500[***]) Mann stark sei, und man in der Stadt sich sehr fürchte; es wäre eine Schande, wenn man die Sache angefangen und nun wieder zurückgehen wollte. Nun sei der Marsch wieder auf Thalkirchen zugegangen, da sei der Proviant ausgetheilt und in seiner Abwesenheit berathschlagt worden, wie man München angreifen wolle, nämlich, daß die Schützen den Isarthurm angreifen und die Andern auf Sendling gehen sollten. Zu Thalkirchen habe der Jägerwirth und der Jäger Marx oder Adam, wie er geheißen, zu ihm (Maier) gesagt, daß er sich vor den Schützen hüten und nicht sehen lassen sollte, weil sie ihn todt schießen wollten, indem sie ihm das Commando übertragen und er wieder zurückkehren wollte. Die Schützen hätten auch an diesem Ort den Houis als ihren Commandanten, die Attaque zu führen, angenommen. Er, Maier, habe ihnen geantwortet: Er wolle wieder in's Kloster gehen; sie aber hätten gesagt: Es heiße nun nicht zurückgehen, sondern man müsse mit auf München. Er habe also wider Willen mit fort gemußt. — Als sie zu Sendling gestanden, sei der Jägerwirth geritten gekommen und habe gesagt; sie sollten nur getrost sein, es stecke schon ein weißer Fahnen auf dem Frauenthurm heraus und wollten die in der Stadt capituliren, welches noch ein Anderer, der den Berg heraufgeloffen, bekräftigt.

Bald darauf seien die Husaren herbeigekommen, von hinten und vorne; da seien der Jägerwirth und der Houis, der Passauer und der Franzos, sämmtlich davon geloffen und haben sich versteckt. Der Commissär Fuchs sei schon am Abend zuvor, da der Marsch auf Thalkirchen wieder zurückgegangen, davongeritten. Der Pfleger von Tölz sei früh um 6 Uhr mit der Reiterei gleich durchgegangen. Er (Maier) sei bei dem Haufen geblieben, in der Meinung, für die Leute zu bitten, wie er denn dreimal Chamade schlagen lassen. Es sei auch den Leuten Pardon versprochen gewesen, wenn sie auf den Knien herauskommen, welches sie auch gethan, aber von der Reiterei seien sie umringt und massacrirt worden. Hierauf ward ihm (Maier) entgegengehalten, daß den Leuten der Pardon nicht versprochen gewesen, sondern nur gesagt worden sei, sie sollen herauskommen, man werde alsdann schon sehen, was zu thun. Darüber er meldete: Es müsse der Tambour es unrecht ausgerichtet haben. Dieses habe er wenigstens von dem Herrn General Kriechbaum selbst gehört, wie er die Leute massacriren sah, daß er dieses nicht habe haben wollen."

In Bezug auf die stattgehabte Correspondenz zwischen der Stadt München und der Bauernschaft gab Maier Folgendes an: „In einem Dorfe, etwa eine Stunde herwärts, in dem ersten Nachtquartier von Schäftlarn, habe er den Jägerwirth gefragt, was er denn für Anstalten habe. Der Jägerwirth habe geantwortet: Man werde das Wasser nehmen, den Isarthurm angreifen, das Gehölz vorziehen und sich also postiren, und die Brucken zumachen. In der Stadt werde ein Zeichen mit zwei Raketen gegeben werden; bei dem weißen Bräuhaus werden alle Bräuer sich versammeln; auf dem Anger die Studenten, und bei den Franziskanern die andern Bürger. Wenn das Wasser genommen, könnte man bei dem Bräuhause in die Stadt kommen, allwo man Posto fassen müßte. Sie hätten ihm auch einen Schlüssel gezeigt und geben wollen, welcher auf dem Wall aufsperre, den er aber nicht annehmen wollte. Er habe auch um die Correspondenz mit den Unterlands-Defensirern gefragt, da ihm drei Gerichter benannt worden wären, die zusammenkommen sollten, und hätte der Jägerwirth und der Student Passauer versichert, daß schon alle Anstalten gemacht und sie selbst auf ihre Gefahr vorangehen wollten. Es sei aber nachgehends ein Zettel von Anzing oder Ampfing gekommen, des Inhalts, daß sie nicht könnten zusammenkommen, weil das de Wend'sche Corps dastehe. Aus der Stadt sei auch ein Correspondenzzettel eingelaufen, den der Schützencommandant Marg oder Adam bekommen, und habe ihm denselben lesen lassen, welcher in sich gehalten, daß sie nicht anrücken sollten, weil sie zu schwach. Er habe gefragt, wer solchen Zettel überbracht? und zur Antwort erhalten: Durch einen reitenden Boten. Auf die Frage: von wem der Zettel? „es dünke ihm, von Aumeister. Auf die Frage: Er (Maier) sei ja Comandant gewesen, und müsse mithin wissen, von wem oder an wen die Zettel gekommen wären? antwortete er: Sie hätten ihm nicht mehr recht getraut; doch habe er gehört, daß einer mit einem Zettel an den Aumeister geschickt worden, mit dem Vermelden, daß er ihn schon weiter zu bringen wisse, und dünke ihm, daß dieser Zettel gar auf Anzing, wo Herr Oberst de Wendt gestanden habe, habe geschickt werden sollen. Am heiligen Abend sei ein Bote aus der Stadt, so ein dünner, hagerer Mann gewesen, zu dem Houis und Passaner gekommen. Was sein Anbringen gewesen, wisse er nicht; denn er habe damals schon nichts mehr gegolten. Ihm, Maier, habe selber Bote allein gesagt, daß Alles in der Stadt wohl stehe. Der Houis und Passauer hätten ja sogar den Tambour in die Stadt geschickt, ohne daß er ein Wort davon gewußt, wie solches der Tambour selbst aussagen müsse. Der Pfleger von Tölz habe diejenigen Patente, die der Tambour in die Stadt bringen sollte, alle schon fertig gehabt, wie er zu ihm gekommen; es sei ihm zu weitläufig gewesen und habe er es nicht lesen können, weil er mit der Feder nicht fortzukommen wisse. Wer die Patente aufgesetzt, wisse er nicht. Auf die Frage: Was für Kloster- und andere Beamte bei der Bauernarmee gewesen? antwortete Maier: Der Pfleger von Tölz; übrigens wisse er die Leute und Klöster nicht zu benennen, weil er niemals in selbe Gegend gekommen; es wären aber unterschiedliche Beamte dabei gewesen. Auf die weitere Frage: Was der Franzos (Gauthier nemlich) dabei gemacht? gab Maier zur Antwort: Er habe sich bei den Tölzern aufgehalten. Wenn er hätte deutsch gekonnt, wäre selber glaublich zum Commandanten gemacht worden."

Diese, im Verhöre gemachten Protokollarangaben des Hauptmanns Mathias Maier, der vorübergehend der Ober-Commandant der Bauern-Armee gewesen, werfen theilweise ein ganz neues Licht auf die der Sendlinger Bauernschlacht vorangegangenen Ereignisse, auf sie selbst und insbesondere auf die Seitens des Jägerwirths entfaltete Thätigkeit, weshalb sie — wenn hiedurch auch manches oben bereits Gesagte wiederholt wurde, hier vollständig eingerückt stehen.

Kehren wir nun zu dem Jägerwirth speziell wieder zurück.

Nach dem unglücklichen Ausgange der Sache wurde derselbe — wie wir oben gesehen, — am 29. Dezember 1705 des Raths entsetzt, und in den Falkenthurm in peinliche Untersuchungshaft geworfen.[134])

Zwei Tage darauf, am Sylvesterabend, hatte man seinen alten, 68jährigen Vater, den Bürgermeister und Gastgeb Johann Jäger zu Tölz, welcher angeschuldigt war, die Tölzer Bürgerschaft unter der Androhung des Verlustes des Bürgerrechtes zum Herabzuge aufgeboten zu haben, verhört. Derselbe antwortete: Er wisse nichts vom angesonnenen Werke. Der Pflegskommissär habe sie, die Bürgermeister, in's Schloß holen lassen, und ihnen den Vorhalt gethan, daß sie mit 200 Mann belegt seien, und solle er auch sein Contingent förderlich stellen, was Alles zur Conservation der Prinzen angesehen sei. Die Bürgerschaft sei auf die Androhung der Bauern in Tölz freiwillig gegangen; doch habe ein gesammter Rath über des Pflegskommissärs Vorhalt deliberirt. Der Prinzen wegen ist der mehrste Theil ganz freiwillig mitgeloffen.[135])

Als der Jägerwirth am 9. Jäner 1706 abermals zu einem Verhöre vorgeführt wurde, bedeutete man ihm: „Nun sei es an der Zeit, daß er sein Bekenntniß thun möge, der Prozeß werde sonst in ordine geführt, und die Tortura ihn, den Verhafteten, schon reden machen. Denenanhero er die Sache in Güte erzählen solle."[136])

Am 19. Jäner war — wie gleichfalls schon erwähnt — zu Ingolstadt mit dem dortselbst verhafteten Grafen Joseph von Törring-Seefeld ein ausführliches Verhör vorgenommen worden.[137]) Tags darauf erging von der kaiserlichen Administration an den Revisionsrath Heß eine Ordre, des Inhalts: „Nach bereits vorgenommenem Examen mit dem Grafen Joseph Törring-Seefeld wird für Nothdurft erfunden, den hierin mehreres gravirten, in der Fronfest des Falkenthurms verhafteten Haidn und Jägerwirth vernehmen zu lassen. Graf Törring-Seefeld ist noch nachträglich zu befragen, ob er vom Churfürsten und seiner Gemahlin Instruktion bekommen, wie auch, ob er denn nicht als Pfleger von Pfaffenhofen neben andern Beamten, die Pflicht abgelegt."[138])

Demzufolge wurden noch am selben Tage Hald und der Jägerwirth zur Vernehmung vorgeführt.[139]) Letzterer deponirte hiebei — inhaltlich des Verhörs-Protokolles, folgendermaßen:

„Die Isarwinkler wollten mit 1500 bewehrter Mann, darunter ungefähr 300 zu Pferd herstellen; die Gerichter Schwaben, Erding und Haag, offerirten sich in 4000 Mann herzustellen, davon 2000 alle Stund wohl bewehrt zu haben wären. Mit diesen wollte man sich um die Stadt herum setzen, selber das Wasser nehmen und den Ort solchergestalten bloquirt halten, daß nichts aus noch ein kommen könne. Die Burgerschaft würde auch in der Stadt inzwischen das ihrige thun und einer hohen Kaiserl. Administration hinterbringen, daß man auf solche Weis nicht länger in der Stadt subsistiren noch verlangen könnte, sich gegen die Bauern zu wehren, inmaßen sie bei Einnehmung der Kaiserlichen auch kein Gewehr ergriffen hätten. Dieses würde das Mittel seyn, die Kaiserlichen ohne Thätlichkeit aus der Stadt und zu einem Akkord zu bringen. — Hierauf habe Graf Joseph vermeldet, man müsse gleich in die Sache gehen und so bald das Anrücken veranstaltet, daß zugleich an das Reichs-Convent zu Regensburg was nachdrückliches gebracht werde, damit sich selber der Sach annehmen und dahin vermittle, daß der Churfürstin das Rentamt wieder abgetreten und die Junge Herrschaft alhier gelassen werde.

Man müsse aber dabey sich zu dem Reichs-Contingent beynebens anerbiethen, daß man nicht weiter gehen, sich in den französischen Krieg nicht mischen, noch auch mit dem Reich in einige Thätlichkeit einlassen solle; es seye derentwillen nöthig, was rechtes schriftliches zu verfassen, welches in ipso actu der Anrückung an ermeltes Reichs-Convent könnte abgeschickt werden.

Er zweifle nicht, man werde von Reichswegen sich hierum annehmen und um so viel eher etwas gutes ausrichten, als ihm von einer sichern Hand wissend, daß der Mecklenburgische Gesandte in einer jüngsten zu Wien gehaltenen Conferenz sehr viel gutes für Bayern geredet, auch noch mehrere wären, welche sich für Bayern zeigen würden. Wann's zum Accord kommt, solle die Administration auf das höflichste tractirt und dahin gesehen, auch allen Leuten eingebunden werden, daß man sich nicht an dem mindesten vergreife und die Sache nicht in weitere Kriegsflammen ausbreche. Nach diesem Diskurs habe Deponent seinen Urlaub genommen." ....

Zwei Tage darauf, am 22. Jäner wurde mit dem Jägerwirth abermals ein Verhör vorgenommen, und derselbe dabei — wie nachfolgender Extract des Inquisitions-Protokolles zeigt, — den grausamen Qualen der Folter unterworfen. [14])

Extract. Inquisitions-Protokolli.

Ueber den bei vorgenommener Investirung der Stadt München fürgewesenen Complot und in specie Hrn. Grafen Josef von Törring-Seefeld dabei gehabte Wissenschaft betr.

Aussage des Jägerwirths:

Interrogatoria.

1. Weil der Jägerwirth über allen diesen Anspruch ein mehreres nicht bekennen wollte, als wurde Er ad locum torturae geführt und Er nochmalen gefragt, wer seine Mitgesellen und Unterstützer gewesen?

2. Hierauf wurde er wirklich aufgezogen.

3. Nachdem der Jägerwirth sich zur Bekenntniß anerbothen, doch wirklich nichts gesagt, wurde Er herunter gelassen, und Ihme den Stein an die Füß zu hängen, da Er anfing, folgendes zu sagen.

Responsiones.

1. Er wisse von keinen andern Mithelfern oder Unterstützern, als die 4, die er bereits im gütlichen examine gethan.

2. Als Er eine Zeitlang, wie wohlen ohne Stein gehangen, hat Er sich zu bekennen offerirt und ihn los zu lassen gebethen.

3. Der Graf Josef von Törring habe von dieser Sach gewußt, sonst Niemanden und seye Er selbsten mit dem Heckenstaller beym Herrn Grafen gewesen, wohin sie den Hald geschickt haben, da er Ihme gesagt, man müsse die Sach mit Klugheit anfangen und machen, wann man vor die Stadt rücke, daß auch zugleich an das Reichs-Convent zu Regensburg Etwas gebracht werde, damit sich selbiges der Sache annehme und dahin vermittle, daß der Churfürstin das Rentamt wieder abgetreten und die gnädigste Herrschaft, welche man hinweg geführt zu werden besorget, dahier gelassen werden möge; man müsse aber auf keine Weis mit dem Röm. Reich sich in Thätlichkeit einlassen, sondern nur selbiges gleichsam pro mediatore anrufen, damit obiges Intent erhalten werde, habe auch dem Heckenstaller gesagt, es seye nothwendig, daß man dieses an das Röm. Reich gleich zusammen setze. Der Heckenstaller sey etwas länger als Inquisit beym Hrn. Grafen geblieben. Was Er weiters mit Ihme geredet, wisse Er nicht. Ehe Inquisit und der Heckenstaller beim Hrn. Grafen gewesen, habe schon der Hallmayer einige Tage vorher einmal mit ihm geredet und geoffenbaret, daß die Gerichter Anzing und etliche andere aufstehen und vor München ziehen wollten, worauf der Graf, wie der Hallmayer Ihme, Inquisit, wiedergesagt, geantwortet: ja wann es so in der Güthe gerichtet werden könnte.

4. Hierauf wurde er ledig gebunden und ad locum Custodiae geführet, post intervallum aber frey und ohne Eisen ad locum Examinis ordinarium vorgefordert und eine freywillige Bekenntniß des ganzen facti begehret, nebst deme auch seine in der Tortur gethane Bekenntniß Ihme vorgelesen

6. Jägerwirth wurde vorgeführt und befraget: ob Er über seine letztere Deposition nichts weiters wüßte?

4. Dieses Manifest habe der Haid dem Hrn. Grafen Joseph von Törring lesen lassen und Ihme Jägerwirth und dem Heckenstaller gesagt, daß Hr. Graf mit Ihme selbsten reden wolle, deßwegen sie auch zu Ihme gegangen u. s. w.

5. Noch Eins sey ihm vom Hr Graf Joseph beygefallen, was er zur Steuer der Wahrheit nit verschweigen könne, daß Hr. Graf nachdrücklich erinnert, wann es zum Accord komme, solle man ja sehen, daß der hohen Administration und allen Kaiserlichen vom Größten bis zum Kleinsten kein Leid geschehe, sondern selbige so höflich als immer seyn könne tractirt werden sollen, damit das Werk nicht in weitere Kriegsflammen ausbreche.

Aus diesen beiden Inquisitions-Protokollen geht zur Evidenz hervor, daß es durchaus nicht in der Absicht der Oberlands-Defension und ihrer Verbündeten in der Stadt gelegen war, die kaiserliche Garnison zu bekämpfen oder gar zu massacriren; sie wollten dieselbe nur durch Ueberraschung, Ueberrumpelung und Uebermacht zwingen, die Stadt zu räumen und also von der beabsichtigten Wegführung der Prinzen abzustehen, auf daß letztere von der Bürgerschaft Münchens selbst in Verwahr und Schutz genommen werden könnten. Abgesehen davon, daß die Verbündeten den von ihnen abgeforderten Eid gegen den Kaiser als einen erzwungenen und deshalb ungiltigen betrachteten, vermochte das treuherzige Gemüth der biedern Bergessöhne, der treuen Bayern, eine Pflichtverletzung oder gar einen Eidbruch da nicht zu erblicken, wo es galt, die Kinder ihres angestammten, durch mehr als fünf Jahrhunderte mit ihnen verbundenen Wittelsbachischen Herrscherhauses vor einer Gewaltthat oder Gefangennehmung zu schützen und zu retten. Mag die Wegführung der Prinzen damals wirklich Seitens der Kaiserlichen beschlossene Thatsache — mag sie nur ein zufälliges vages, oder selbst ein absichtlich verbreitetes Gerücht gewesen sein, das kömmt hier nicht in Betracht — es genügte das Gerücht allein, daß ein Theil der Münchener Bürger und Studenten, daß Tausende von Oberländern sich verbündeten, die Prinzen, oder wie ihr Ruf erscholl

„„die Kinder““ zu retten".

Es waren ja nicht die Kinder des Fürstenpaares allein — das ganze Volk und jeder Einzelne betrachtete sie als seine Kinder und hielt sich ebenso berechtigt wie verpflichtet, für sie mit Gut und Blut einzustehen. Das aber ist der rührende Zug, der der ganzen Erhebung trotz oder vielleicht sogar wegen ihres unglücklichen Ausganges den Stempel des edelsten Patriotismus, idealer, poetischer Verklärung aufdrückt, so daß die Nachwelt in den Gefallenen und Gerichteten nicht eidbrüchige Verbrecher und Hochverräther, sondern Helden und Märtyrer für die gerechte, heilige Sache des Vaterlandes erblickt und feiert. —

Das klingt auch aus den stolzen, trotzigen, überzeugungstreuen Worten heraus, die der Jägerwirth zu seinen Richtern gesprochen, als ihm am 12. Februar 1706, am Schlusse des letzten, mit ihm vorgenommenen Verhörs, das Leben ab- und der Tod angekündigt worden:

„Ich möchte wohl wissen, um wes für Punkten willen ich den Tod verdient; ich protestire vor Gott und der Welt, daß ich unschuldig sterben muß!" [14])

Vier Wochen dauerte es, bis das Urtheil vollstreckt wurde — da — am 17. März, mußte auch er das Blutgerüste besteigen und sah die Stadt München das traurige, das empörende Schauspiel, daß einer ihrer besten Bürger und Rathsherrn, daß einer der edelsten bayerischen Patrioten in grausamer Weise vom Leben zum Tode gerichtet wurde.

„Diesen Vormittag," — lautete das Urtel, — „ist Johann Jäger, Weinwirth allhier, 38 Jahre alt, wegen des Lasters der beleidigten Majestät, absonderlich aber, weilen er bei der verdammten Rebellion ein Rädelsführer, und an dem Blutbad der Bauern Ursacher gewesen, mit dem Schwerdt hingerichtet, der todte Körper publice geviertheilt, der Kopf auf den Jsarthurm, die vier Theile aber, wie mit dem Khidler geschehen, im Burgfrieden aufgesteckt, auch dessen Vermögen confiscirt worden. Dieser Jägerwirth war neben dem Khidler ein Haupträdelsführer, dan er nacher Immerstorf geritten, einige Bürger von Tölz (allwo sein Vater Burgermeister und noch bey Leben ist), dahin berufen, dieselben zum Aufstand, und daß sie sämmtlich rottiren sollten, animirt, auch ein anderer (so der Haydt sein wird) zu Machung eines Patents überredt, das Signet aufgedruckt, mit dem Khidler und anderen wie die Sache anzugreifen, und das Wasser beim Preuhaus (allwo die Bauren Posto fassen sollten), abzulassen, mithin allda in die Stadt zu kommen sich unterredt und berathschlagt, den schon im Marsch begriffenen Tölzern entgegen geritten, und als die anrückende Bauern wieder zurück gehen wollten, sie mit diesem weiter angefrischt, daß wenig kayserliche Soldaten in der Stadt, hingegen die Hofbedienten und Studenten sich an gewissen Orten einfinden, auch sonst alle Anstalt dahin gemacht wäre, daß aus des Senfer's Haus durch zwei Raquett das Zeichen zum Angriff beschehen, und man die kayserlichen Soldaten das Gewehr darniederzulegen, und mit der Kayf. Administration aus München zu geben gar leicht bezwecken könnte. Actum ut supra." [114]) — — —

Während der Jägerwirth seinen letzten traurigen Gang zur Richtstätte machte, da wimmerte vom Frauenthurme herab das Armensünderglöcklein — wem aber mochte sein schriller Ton gräßlicher in die Seele gedrungen und geklungen sein als des Jäger's armen, treuen Weibe, das mit seinen unmündigen Kindern daheim im Hause an der Engen Gasse, also gerade gegenüber dem Frauenthurme saß und in tausend blutigen Thränen seinen verzweiflungsvollen Schmerz ausweinte. War es ja doch nicht genug, daß ihr geliebter Gatte, daß der Vater ihrer Kinder, daß der Ernährer der Familie den schrecklichsten und grausamsten, den entehrenden Tod durch Henkershand sterben mußte — trostlos düster starrte sie ja außerdem noch die Zukunft an, wenn sie an ihr, an ihrer armen Kinder Schicksal dachte, deren jüngstes erst den Namen „Vater" stammeln gelernt.

Kaum war ja ihr Mann in Verhaft genommen worden, da stürmten von allen Seiten die Gläubiger mit ihren Forderungen herein. Am 19. Jänner 1706 stellten die Verordneten über den Aufschlag schriftlich das Ansuchen, auf Jäger's Hab und Gut wegen schuldiger Aufschlagsgefälle zu 184 fl. 42 kr. den Arrest zu legen, welchem Antrage der Rath in der Sitzung vom 22. Jäner deferirte. [115]) Der gleiche Antrag auf Arrest war von den, Seitens der Landschaft über den Aufschlag Verordneten wegen schuldig gebliebener Aufschlagsgefälle zu 357 fl. 59 kr. 1 dl. eingereicht, und vom Rath in seiner Sitzung vom 3. Februar genehmigt worden. [146]) In derselben Sitzung überreichte Franz Welser, Bürger und Weingastgeb, eine Schuldforderung gegen Jäger auf 222 fl. 2 kr. lautend, [147]) die Weinfuhrleute eine solche auf 1095 fl. 37½ kr., [148]) und Paul Stadler, Weinhändler in Lausen, eine solche auf 477 fl. 15 kr. [149]) Anton Höger, Handelsherr, bat schriftlich, „weil er aus der Jägerwirths Behausung 2000 fl. Ewiggeldkapital zu creditiren hat, und bei dem Haus über sothane Schuld Nichts übrig verbleiben wird, zu Guten seiner und anderer Creditoren die Sache gerichtlich an die kaif. Administration gelangen zu lassen." Der hierauf unterm 1. März ergangene Rathschluß lautete: „sei bei dem heute noch zu erstattenden Bericht in Obacht zu nehmen. [150])

Der Rath traf übrigens noch weitere, durch die Verhältnisse und Umstände gebotene Maßregeln.

In der Sitzung vom 3. Februar wurden „zu Administrirung des rationo des Bauernaufstands interessirten und verhafteten Johann Jäger's, Weingastgeb, Vermögens pro curatoribus ex officio verordnet Thomas Werner, Weinschreiber und Bernhard Ziegler; [151]) ersterer — der Pathe der Jäger'schen Kinder wurde nach Jäger's Hinrichtung auch zu deren Vormund verordnet. Da er aber als Weinschreiber, die Weinfuhrleute in ihrer oben erwähnten Forderung zu 1095 fl. 37½ fr gegen Jäger zu vertreten hatte, und hiedurch eine Collision seiner Pflichten erstehen glaubte, bat er, ihn von der Vermögens-Administration zu entlassen, worauf jedoch der Rath nicht einging. (Sitzung vom 26. Februar.) [152])

In derselben Sitzung beschloß der Rath, „da des in Verhaft liegenden **Johann Jäger's** bedrängte Hauswirthin unterthänigst des Quartiers und anderes halber um Hilfe bat," — solches Memorial mit einem Remiß an die kaiserliche Administration zu begleiten und dabei zu berichten, wie die Creditoren dabei hauptsächlich zu leiden haben. [153])

Daß Jäger's Haus vor Allem — zur Strafe — als Kaserne bestimmt wurde, davon geschah bereits früher Erwähnung. [154])

Doch die arme bedauernswerthe Frau und Wittwe fand kein gnädiges Gehör, auch sie sollte ihres Mannes Thaten büßen, und sie wendete sich im September dieses Jahres (1706) neuerdings an den Rath mit der Bitte, „daß ihr um ihres allzuschwer tragenden Quartiers halber eine Hilfe werden möchte."

In der Rathssitzung vom 24. September wurde beschlossen, dieses Gesuch zum Quartieramt um Bericht und Gutachten zu geben; und in jener vom 1. Oktober, nachdem das abgeforderte Gutachten eingelaufen, „daß man geschehen lasse, daß der Jägerin wöchentlich vom Quartieramt 6 fl. verabreicht werden, so lang es thunlich." [155])

Drei Wochen nach der Hinrichtung ihres Mannes hatte sich Anna Maria Jäger bereits gezwungen gesehen, an den Rath die demüthige Bitte zu stellen, „ihren 9jährigen Knaben, bis derselbe zur Erlernung eines Handwerks tauglich, in das Waisenhaus großgünstigst aufzunehmen, ihr aber zu einem nöthigen Unterhalt, bis daß Gott andere Zeiten schicke, zu ihren noch habenden fünf Kindern ein wöchentliches Almosen zu verreichen." Der Beschluß lautete: [156*]) „Sei wegen gebetener Aufnahme eines Sohnes in das Waisenhaus an die Hochlöbl. Verwaltung, um auf den vor andern zu reflektiren, gewiesen. Wegen Anstellung des Hauswesens und anderthalber aber die Sache per commissionem zu untersuchen und bei Rath zu referiren. Inzwischen sei der Supplikantin bei St. Genuo-Stiftung [156b]) 6 fl. verabfolgen zu lassen."

Da sie eines Geburtsbriefes zur Attestation der ehelieblichen Geburt ihrer Kinder behufs der Aufnahme in das Waisenhaus bedurfte, stellte sie in der Rathssitzung als Geburtszeugen den Weingastgeber Kaspar Soldner und den Eisenhändler Georg Kolber vor. [157]) Als der Vormund und Pathe ihrer Kinder, Weinschreiber Werner, i. J. 1707 mit Tod abgegangen war, wurde (in der Rathssitzung vom 10. Juni 1707) [158]) der Weinwirth **Mair**, und (in der Sitzung vom 10. Febr. 1708) [159]) der Eisenfaktor **Martin Abl**, des äußern Raths, zum Vormund derselben verordnet.

Unaufhaltsam ging es nun mit der — unverschuldet in's Unglück gerathenen Familie **Jäger** abwärts. Es bedarf dazu keines Commentars und keiner Illustration — lassen wir einfach nur die betreffenden Einträge in den Rathsprotokollen sprechen — ihr trockener historischer Wortlaut spricht ergreifender zum Herzen, als es die gewandteste Feder des Dichters oder Novellisten vermöchte.

Session vom 15. Juli 1707. [160]) Die 2c. **Jägerin** bittet um Nachsehung der ausständigen Steuer.

Conclusum:
Sei zum Steueramt und Stadtkammer um Bericht zu geben.

Session vom 17. Okt. 1708. [161]) Die 2c. **Jägerin** bittet, daß ihr wegen des erlittenen starken Quartiers und veräußerter Mobilien eine Beihilfe und Ergötzlichkeit vom Quartieramt möchte verschafft werden.

Conclusum:
Sei zum Quartieramt zu geben um Bericht und Gutachten, wie der Supplikantin zu helfen sei.

Session vom 29. Aug. 1710. [162]) Die 2c. **Jägerin** bittet um Nachsehung des ausständigen Umgelds.

Conclusum:
Sei vom Betrag zu 92 fl. 21 kr., welche zur Stadtkammer die **Jägerin** schuldig, die Hälfte nachgesehen.

Session vom 13. März 1711. [163]) Kraft Befehls der Administration wird auf Bitten der **Jägerin** um Verschonung der Gant allergnädigst anbefohlen, zu berichten, mit wie viel Schulden dieselbe beladen sei.

Session vom 11. Mai 1711.¹⁶⁴) Das Stadtgericht erstattet Bericht, die verwittwete Jägerin um Aufhebung der Confiscation ihrer Behausung u. A. betreffend.
Conclusum.
Sei mit Bericht einzuschicken.

Session vom 26. Aug. 1711.¹⁶⁵) Paul Stabler, Weinhändler zu Laufen, übergibt gegen die Jägerin ein Memorial in caussa debiti.

Session vom 25. Sept. 1711¹⁶⁶) Die Jägerin bittet, sie möchte mit der Gant verschont und zur Auseinandersetzung der Sache eine Commission anberaumt werden.

Session vom 9. Nov. 1711.¹⁶⁷) Franz Benedikt Greßbeth u. Cons., als Stettner'sche Erben bitten um eine Commission wegen ausständigen Hauskaufschillings.

Session vom 27. Juli 1712.¹⁶⁸) Die sämmtlichen Current-Creditoren bitten um Nachlaß der Steuern, ihrer Prätensionen wegen.

Session vom 5. Okt. 1712.¹⁶⁹) Lorenz Moser, Bürger und Kupferschmid, überreicht eine Klage gegen die x. Jägerin puncto debiti.

Session vom 3. Juli 1713.¹⁷⁰) Anna Maria Jägerin, arme Bürgerin, und Wittib allhier bittet diemüttig supplicando umb. großgl. Lebensmittl.
Conclusum.
Seye zum löbl. reichen Allmussen vund Söstlamts-Verwaltung¹⁷¹) mit dem beysatz zu geben, daß sovill möglich vnnd thuenlich geholffen werdte.

Session vom 15. Nov. 1713.¹⁷²) Anna Maria Jägerin, Bürgerin und Gastgebin bittet diemüttig um das Lehrgeld für ihr Söhnl in der Schul.
Conclusum.
Seye zur Verwaltung St. Bennonis Stiftung zu geben.

Session vom 25. Mai 1716.¹⁷³) Die Jägerin bittet, ihr aus St. Bennonis-Stiftung das Lehrgeld für ihren Sohn zu gewähren, damit er Musik lernen kann.

Alle Anstrengungen und Versuche und Bitten der Wittwe Jäger, die Gant von ihrem Hause abzuwenden und somit ihren Kindern doch wenigstens die Heimstätte zu retten, die der unglückliche Vater in glücklichen Zeiten ihnen bereitet, waren vergeblich — i. J. 1714 traf sie auch der schwere Schlag, daß der Gantstuhl aufgestellt, und ihr Haus an der Ganttafel angeschrieben wurde — vermöge Gantbriefs vom 6. März 1714¹⁷⁴) kam dasselbe bei öffentlicher Gant an Franz Ferdinand Freiherrn von Stromer um 5420 fl. Kaufsumme und 220 fl. 25 kr. 2 dl. Gerichts- und Gantkosten, also zusammen 5460 fl. 25 kr. 2 dl.

So mußte denn Anna Maria Jäger ihre Habseligkeiten zusammenpacken und das Haus und Geschäft verlassen, das unter anderen Verhältnissen die Grundlage des Wohlstandes und der glücklichen Zukunft der Jäger'schen Familie hätte bilden können. Wohin sie wohl die Schritte gewendet hat? — Die Antwort hierauf geben uns wieder die Rathsprotokolle — lassen wir darum sie wieder sprechen.

Session vom 5. Mai 1719.¹⁷⁵) Anna Maria Jägerin, gewefte Burgerin und Weingastgebin, jetzige Pfründnerin beim würdigen Hl. Geist-Spital, bittet um Ertheilung einer authentischen Attestation von einigen, de anno 1701—1703 bei ihr eingestellten churfürstlichen Remonte-Pferden und daraus prätendirten 100 fl.

Session vom 27. Sept. 1719.¹⁷⁶) Anna Maria Jägerin, Pfründnerin in dem würdigen Hl. Geist-Spital, übergibt wegen Verkaufung ihrer habenden Weinwirth-Zunft u. A. ein Anlangen.
Conclusum.
Sei mit diesem ungereimten Vorschreiben abgewiesen.

Session vom 5. Mai 1724.¹⁷⁷) Wurde über das unterm 3. Mai gehaltene Commissionsprotokoll auf **Absterben der Jägerin**, gewesen Weingastgebin und zuletzt Pfründnerin, wegen des hinterlassenen Vermögens bei Rath referirt.

Conclusum.

Da wieder neue große Prätensionen zwischen den Jäger'schen Erben und den Stabler'schen Agenten auftauchten, so solle mündlich Verschiedenes gegen einander instruirt werden. —

So war endlich der Tod als Erlöser von unsäglich schweren Heimsuchungen und Leiden an die vielgeprüfte Dulderin herangetreten, war der Vorhang gefallen von einem Familien-Drama, das sich durch zwei Dezennien in erschrecklich historischer Wahrheit abgespielt hat.

Das also war das Schicksal, das das Ende der Münchener Bürgers- und Rathsherrn-Familie Jäger: der Vater geköpft und geviertheilt, die Mutter von Haus und Zunft getrieben, an den Bettelstab gebracht und vom öffentlichen Almosen lebend und zuletzt als arme Pfründnerin gestorben, die Kinder auf Gemeinde-Kosten im Waisenhaus untergebracht und in die Lehre gegeben!

Welches Herz sollte nicht da vor tiefem Schmerz, vor unnennbarer Wehmuth, vor gerechter Entrüstung über ein solches Schicksal erzittern, das tragischer wahrlich nicht mehr gedacht werden kann!

Doch, nicht mit einem Vorwurf, nicht mit einer Klage sollen diese Zeilen schließen, — haben sie uns doch bewiesen, daß **Münchener Bürgertreue**, die sich schon zu den Zeiten des großen Kaisers Ludwig des Bayers, die sich in den Zeiten der Herzoge Ernst und Wilhelm und im Laufe aller nachfolgenden Jahrhunderte so glänzend bewährt hat, auch in dem denkwürdigen Jahre 1705 nicht ausgestorben war, und nicht aussterben wird; denn als leuchtende Vorbilder stehen die Gestalten eines **Senfer**, eines **Kyhbler** und **Jäger** vor uns, und rufen uns — vom Glorienschein des Ruhmes umflossen zu:

„In Treue fest, ja fest bis in den Tod!"

Anmerkungen.

¹) Als Quellen zu vorstehender Arbeit wurden benützt zunächst die Rathsprotokolle, Stadtkammerrechnungen, Stadtsteuerbücher und Akten des städtischen Archives und die Münchener Stadtchronik. Außerdem gestatteten die HH. Oberamtsrichter Grabl, Amtsrichter Greis, Major Erhard, und die HH. Cooperatoren Schrödler, Widmann, Lechner und Erlacher dem Verfasser in zuvorkommendster Weise die Einsicht und Benützung der Stadtgrundbücher, der Archivalien-Abschriften zur bayerischen Kriegs- und Heerresgeschichte des † Grafen Maximilian von Topor-Morawitzky und der Tauf-, Trauungs- und Todtenbücher der Stadtpfarreien zu U. L. Frau und St. Peter, wofür den Genannten hiemit bester Dank gesagt sei.

Ausführlichere Schilderungen über die Bauernerhebung und die Münchener Mordweihnachten von 1705 enthalten:

Dormayer, Taschenbuch für die vaterländische Geschichte. Neue Folge. VI. Jahrgang 1835. Pag. 44—230
Schäffler August, Zur Geschichte der oberbayerischen Landeserhebung im Jahre 1705, abgedruckt im VI. Band von Sybel's historischer Zeitschrift. 1861. Pag. 251—292.
Föringer, Ein Aktenstück zur Geschichte der Sendlinger Schlacht, abgedruckt im oberbayerischen Archiv. Band XVII. 1857. Pag. 325—344.
Johannes Rastlos (Fahman), Denkschrift „die Oesterreicher in Bayern."
Meichelbeck, Hist. Frising. Tom II. Pars I.
Der monatliche Staatsspiegel von den Jahren 1704, 1705, 1706.
Die europäische Fama von den Jahren 1704—1706.
Falkenstein, Bayerische Geschichte. Band III.
Theatrum Europaeum. Band XVII.
Faber's Staatskanzlei, Germania princeps „Bayern". IV. Band, von Finsterwald.
Cäsar Aquilinus „Ausführliche Historie" ꝛc.

²) Münchener Stadtchronik von Ulrich von Destouches, fortgesetzt von Ernst von Destouches, Jahrbuch 1858, pag. 235 (Stadt-Archiv).

³) Liber mortuorum in Paroch. S. Petri, Monachii, 1698—1705.

⁴) Therese Cunigunde, zweite Gemahlin des Churfürsten Maximilian Emanuel von Bayern, Tochter Königs Johann III Sobiesky von Polen, war geboren am 4. März 1676, vermählt am 2. Januar 1695 und starb zu Venedig am 10. März 1730. Ihre letzte Ruhestätte fand sie in der St. Cajetanskirche bei den Theatinern. Sie gebar ihrem Gemahle folgende Kinder:

1) Maria Anna Karoline ꝛc., geb. 4. August 1696. 1719 den 29. Oktober trat sie als Nonne in das St. Clara-Kloster am Anger zu München mit dem Namen Theresia Emanuela de Corde Jesu und starb den 9. Oktober 1750;

2) Carl Albrecht ꝛc., geb. 6. August 1697, wurde Churfürst von Bayern am 26. Februar 1726, vollzog am 20. März 1729 die Stiftung, bezw. Wiedererneuerung des bayerischen Haus-Ritter-Ordens vom hl. Georg, wurde am 24. Januar 1742 zum römischen Kaiser erwählt und starb den 20. Januar 1745 zu München, wo er gleichfalls bei den Theatinern zur letzten Ruhestätte gebracht wurde;

3) Philipp Moriz ꝛc., geb. 5. August 1698, wurde 1719 den 14. März zum Bischof von Paderborn und den 21. März darauf auch zu Münster erwählt, starb aber vor der Wahl am 12. März zu Rom, wo er in der Kirche S. Maria della Vittoria bei den Carmeliten begraben liegt;

4) Ferdinand Maria Innocenz ꝛc., geb. 5. August 1699 zu Brüssel, 1727 den 25. Februar k. k. General-Feldmarschall-Lieutenant; starb 1738 den 9. Dezember und liegt bei den Theatinern;

5) **Clemens August** ꝛc., geb. 17. August 1700, wurde 1715 den 19. Dezember Coadjutor zu Regensburg, 1719 den 6. März Bischof zu Münster, 1719 den 27. März Bischof zu Paderborn, 1722 den 9. Mai Coadjutor und 1723 den 12. November Erzbischof und Churfürst zu Cöln, 1724 den 8. Februar Bischof zu Hildesheim, 1728 den 4. November Bischof zu Osnabrück, 1732 den 17. Juli Großmeister des St. Michaels-Ordens und starb den 6. Februar 1761 auf dem Chur-Trier'schen Schlosse Ehrenbreitstein;

6) **Wilhelm**, geb. 12. Juli 1701, † 12. Februar 1704, begraben bei St. Cajetan;

7) **Johann Alois**, geb. 21. Juni 1702, † 18. Juni 1705, begraben bei St. Cajetan;

8) **Johann Theodor** ꝛc., geb. 3. September 1703, 1719 den 29. Juli Bischof zu Regensburg, 1727 den 23. Februar Bischof zu Freising; 1744 den 23. Januar Bischof zu Lüttich, 1746 den 19. Januar Cardinal, † 1763 den 27. Januar zu Lüttich;

9) **Maximilian Emanuel** ꝛc., geb. 21. Dezember 1704 zu München, † 1709 den 18. Februar, begraben bei St. Cajetan.

Porträts des Churfürsten Maximilian Emanuel, der Churfürstin Therese Kunigunde und ihrer sub 2, 5 und 8 aufgeführten Kinder enthält die Maillinger Sammlung (vide Katalog Band I Nr. 667—716, 719 und 720, 874—897, 732—735 und 736—740).

³) Raths-Protokoll (Stadtschreiberei) pro 1704. II. Theil Fol. 102. (Stadt-Archiv.)

⁴) Liber mortuorum in Paroch. S. Petri 1698—1705.

⁷) **Maximilian Carl Graf**, nachmals Fürst von Löwenstein-Wertheim, kaiserlicher Administrator in Bayern, war geboren am 14. Juli 1656 und starb zu Mailand am 26. Dezember 1718. Dessen Porträt befindet sich in der Maillinger-Sammlung (Katalog Bd. I Nr. 747—749) und zwar a) in Halbfigur, gestochen von Berningeroth, 8°, b) Brustbild in Oval, gez. von Joh. Andr. Wolf, gest. von F. J. Spätt, 1710 Fol., c) Büste in Oval auf einem Postament zwischen allegorischen Figuren, gez. von J. Tegler, gest. von J. B. Bening, 1711. Kl. 4°.

⁸) **Mauritia Febronia de la Tour**, geboren 1652, 12. April, vermählt 24. Mai 1668 mit Herzog **Maximilian Philipp Clemens von Bayern**. Letzterer war geboren den 30. Sept. 1638 erhielt von seinem Vater, dem Churfürsten Maximilian, unterm 5. Juni 1650 die Landgrafschaft Leuchtenberg als Patrimonium eingeräumt und starb am 20. März 1705 kinderlos zu Türkheim. Er liegt bei St. Michael in München begraben. Sein Porträt findet sich in der Maillinger-Sammlung (Katalog Bd. I Nr. 384 und 385.) Seine Wittwe Mauritia Febronia überlebte ihn nur kurze Zeit, sie starb bereits am 20. Juni 1706 und liegt neben ihrem Gemahle bei St. Michael begraben.

⁹) **Morawitzky**, Max Graf von, Materialien zur bayerischen Kriegs- und Heeres-Geschichte. II. Serie, 4. Band. Archivalien-Abschriften 1679—1715 Fol. 350 (K. B. Kriegsministerium, General-Quartiermeisterstab).

¹⁰) Raths-Protokoll (Stadtschreiberei) 1705. I. Th. Fol. 202. (Stadt-Archiv.)

¹¹) Raths-Protokoll (Stadtschreiberei) 1705. I. Th. Fol. 223. (Stadt-Archiv.)

¹²) Raths-Protokoll (Stadtschreiberei) 1705. I. Th. Fol. 203. (Stadt-Archiv.)

¹³) Raths-Protokoll (Stadtschreiberei) 1705. I. Th. Fol. 220. (Stadt-Archiv.)

¹⁴) Inhaltlich der Steuerbücher ertrug die Stadtsteuer im ersten Dezennium des 18. Jahrhunderts

im Jahre	Brutto	wovon nach Abzug der Ausgaben zu	an die Stadtkammer als Reinertrag abgeliefert wurden	und zwar war solches eine
1700	8,368 fl. 6 ß.*) 12 bl.	710 fl. 3 ß. 23 bl.	7,658 fl. 2 ß. 19 bl.	anderthalbfache Steuer.
1701	9,312 „ — „ 25 „	706 „ 6 „ 5 „	8,605 „ 1 „ 20 „	ein dreiviertelf. Steuer.
1702	10,725 „ — „ — „	717 „ 2 „ 29 „	10,007 „ 4 „ 1 „	doppelte Steuer.
1703	7,348 „ 6 „ 8 „	709 „ 2 „ 12 „	6,639 „ 3 „ 26 „	anderthalbfache Steuer.
1704	7,512 „ 3 „ 5 „	712 „ 1 „ 25 „	6,800 „ 1 „ 10 „	anderthalbfache Steuer.
1705	11,911 „ 1 „ 4 „	882 „ 6 „ 3 „	11,028 „ 2 „ 1 „	dritthalbfache Steuer.
1707	9,237 „ 4 „ 12 „	739 „ 1 „ 29 „	8,498 „ 2 „ 13 „	doppelte Steuer.
1708	8,702 „ 6 „ 29 „	711 „ 5 „ 23 „	7,991 „ 1 „ 6 „	doppelte Steuer.
1709	11,004 „ 6 „ 6 „	851 „ 5 „ 6 „	10,153 „ 1 „ — „	dritthalbfache Steuer.
1710	11,014 „ 6 „ 6 „	856 „ — „ 18 „	10,158 „ 5 „ 18 „	dritthalbfache Steuer.

(Stadt-Archiv.)

*) Ein Gulden hatte sieben Schillinge oder 210 Pfennig, folglich war ein Schilling ¹/₇ Gulden = 30 bl.

¹⁵) Nach der Stadt-Kammer-Rechnung pro 1705 betrugen die Einnahmen der Stadt München im genannten Jahre 66,353 fl. — h. 25 bl.,
die Ausgaben 51,024 „ 1 „ 25½ „
wonach ein Rest von 15,328 „ 5 „ 29½ „ verblieb,
unter welch' letzterem jedoch die Stadtschuld mit 9,903 fl. 6 h. 19½ bl. inbegriffen war.
Im Jahre 1706 betrugen — nach der Kammerrechnung, —
die Einnahmen 71,062 fl. 6 h. 22½ bl.,
die Ausgaben 50,741 „ 5 „ 23½ „
wonach ein Rest von 20,321 „ — „ 29 „ sich herausstellte,
in welchem 17,395 fl 2 h. 18½ bl. Schulden inbegriffen waren. (Stadt-Archiv.)

¹⁶) Bezüglich dieser Extra-Auslagen lautet der betreffende Vortrag in der Stadtkammer-Rechnung pro 1706 Fol. 161:
„Für die kaiserliche Generalität und Soldateska wurden aus der Stadtkammer folgende Ausgaben bestritten, als: dem kaiserlichen General-Feldmarschall Graf von Gronsfeld 2 Fäßl Neckarwein ad 111 fl., dem Stadtkommandanten, General B. be Wend 1 Eschir Wein ad 80 fl. verehrt, auch hochderoselben von Servis und Hanskingsgeld 1900 fl. erstattet, item Herrn Place-Major und Herrn Adont. Geh. Sekretär jedem ain Eschir Wein präsentirt, ferners auf Soldaten-Wacht, Posten ad 441 fl. 45 kr Unschlittkerzen abfolgen lassen, weiter Stadtsöldnern und Andern wegen Extra-Bemühungen halber den Verdienst entrichtet, endlich den Generalen und der kaiserlichen Cavallerie 159 Schäffel Haber abgegeben, macht zusammen 3,251 fl. 3 h. 22 bl." (Stadtarchiv.)

¹⁷) Morawitzky loco citato fol. 456.

¹⁸) Das Türlbad (Türleinbad) befand sich links am Eingange in die Jrcher- (jetzige Lederer-) Gasse von der Burggasse her. Der damalige Türlbader, Daniel Wüst, war nach dem Steuerbuche von 1705 mit einem Steuersimplum von 3 fl. 4 h. 15 bl. angelegt. (Stadtarchiv.)

¹⁹) Wilhelm Floßmann, Eisenhändler und Hausbesitzer am Markt Mariä (jetzigen Marienplatz) nächst der Hauptwache, war mit einem Steuersimplum von 20 fl. 1 h 10 bl. angelegt. (Stadtarchiv.)

²⁰) Johann B. Rossignol, Bettenkramer, wohnte im zweiten Hause an der Nordseite der Kaufingergasse vom Marienplatz her, welches damals der Elisabeth Riechsling, Wittib und Vierzäpflerin gehörte. Derselbe zahlte 4 fl. einfache Steuer. (Stadtarchiv.)

²¹) Georg Hallmair, Bierbräuer, besaß das Haus im Thal (Mariä), welches jetzt die Hs.-Nr. 29 trägt. Derselbe war im Jahre 1705 nach dem Steuerbuche mit 5 fl. 5 h 5 bl. angelegt, und zahlte folglich, da im genannten Jahre von den anderthalbfachen Betrag mehr erhoben wurde, im Ganzen 14 fl. 2 h 12 bl. Steuer. (Stadt-Archiv.)

²²) Morawitzky, loc. cit. fol. 551 x., Protokoll, die Untersuchung gegen den Grafen Joseph von Toerring-Seefeld betreffend wegen des Ueberfalls von München durch die Bauern am 24. Dez. 1705.

²³) Joseph Ferdinand Dänthel, churfürstl. Pflegskommissär zu Tölz, hatte unterm 20. April 1704 vom Churfürsten Maximilian Emanuel den erbetenen Rathstitel bewilligt erhalten. (Raths-Prot. 1704 II. Thl., im Münchener Stadt-Archiv.)

²⁴) Ausführliches über den Pfleger Altram von der Vallen enthält die sub Anm. 1 erwähnte Abhandlung Föringer's im Oberbayerischen Archiv.

²⁵) Joh. Jos. Oettlinger, churfürstl. Pflegskommissär zu Starnberg, besaß in München ein Haus an der vorderen Schwabinger-Gasse (jetzt Residenz-Straße), ferner ein Haus vor den Thoren und 18½ Tagwerk, in 5 Aengern bestehend, vor dem Neuhauser- (jetzigen Karls-) Thor. (Steuerbücher des Stadt-Archivs.) Im Jahre 1705 war eine Anna Maria Oettlinger Mutter des Frauenklosters St. Johann der Nibler auf der Stiegen, (in der jetzigen Residenzstraße, an der Stelle, welche jetzt der südwestliche Flügel der k. Residenz einnimmt). (Raths-Protokoll 1705 Thl. II.)

²⁶) Raths-Protokoll (Stadtschreiberei) 1705. II. Fol. 174. (Stadt-Archiv.)

²⁷) Morawitzky, loc. cit. fol. 447.

²⁸) Eine Abbildung dieser hölzernen Isar-Brücke mit dem rothen Thurm aus dem Jahre 1761 enthält die Mallinger Sammlung (Katalog Bd. I Nr. 956.)

²⁰) Ausführlicheres über die Sendlinger Bauernschlacht findet sich in den unter Anm. 1 vorgetragenen Werken und Abhandlungen.

Eine Abbildung der Schlacht selbst enthält Baumgartner's Polizei-Uebersicht für die Stadt München. Sendling hat, wie der dortige Pfarrer bei der Eingangs erwähnten Todtenfeier am 27. Sept. 1858 in seiner Gedächtniß-Rede anführte, an dem verhängnißvollen Christtage 1705 seine uralte Pfarrkirche und mehrere Häuser eingebüßt und etliche seiner größten Besitzer verloren, so auch den Michael Warnberger, der erst seit 4 Wochen verheiratet war. (Münchener Stadtchronik, Jahrbuch 1858, pag. 236. Stadt-Archiv.)

---

²¹) # Auszug

aus dem

Liber mortuorum Parochiae S. Petri Monachij
1698—1705.

Familia.	December 1705.
	26. Beim Salzburger Boten in Läffinger Gassen.
1. R.	Jakob R. Unterthan zu U. L. Frauen Capitel.
2. R.	Caspar R.
3. Möringer.	Quirin Möringer von Waidkirchen.
4. R.	Jörg R. Pfeiffer von sagn vnd
5. C. R. R.	R. R. von Schäfftlarn
	hi tres ultimi im Josephs-Haus obierant heri ab hussaris lethaliter vulnerati circa pagam Sendlingae extra sepulti. *)
	Beim Oeberl-Bräu ein unbekannter blessirter Bour im Stal tott gefunden.
	27. Erdenhaus.
Thor-Pfeiffer.	R. Thor-Pfeiffer, Granabier unter dem Osnabrück. Regt. sine sacramentis obiit accepto a rusticis lethali vulnere et extra sepultus est.
	eodem. Herzog-Spital.
7. R.	Dionysius vnd Thomas R. R. rustici in laniana Nativit. Dmi. vulnerati,
8. R.	extra sepulti sunt in separatis tumulis.
	27. Nos. fratr.
9. Görg.	Görg R. Parr von Purlach, crudeliter vulneratus a caesareanis post SS. caut. accept. extra est sepultus.
	29. an dem Sendlinger Thor.
10. Jocham.	Sebastian Jocham von Kapfsbühel in gmundner Pfarr, solutus, in laniana vulneratus et extra sepultus est in tumulo separato.
	eod. Nos. S. Josephi.
11. Heiß.	Joseph Heiß, et alius Joseph N., vulnerati a caesareanis extra sepulti sunt.
12. Joseph.	

*) extra sepulti bedeutet: begraben auf dem äußern (jetzigen sählichen alten) Friedhofe, welcher also genannt wurde im Gegensatze zu den Friedhöfen im Innern der Stadt an der Peters- und Frauenkirche, dann an der Salvator- und Allerheiligen Kirche (am Kreuz).

Familia.	December 1705.
	Nos. S. Elis.
13. Caspar.	Caspar rusticus vulneratus, extra sepultus est in tumulo separato.
	eod. Krandlenhaus.
14. Freybieffer.	Mathias Freybieffer et alius sine nomine hactenus intellecto, duo rustici
15. R.	vulnerati post. St. caut. accept. extra sepulti.
	30. Vorm Thor.
16. Hagn.	Wolf Hagn, rusticus occisus, extra sepultus in tumulo separato.
	eod. Vorm Thor.
17. Prandtner.	Ignatius Prandtner, von Benediktbeurn, lager solutus, occisus, extra sepultus est propte Ecclesiam in tumulo separato.
	eod. Krandlenhaus.
18. Oswald.	Simon Oswald, von Benediktbeurn, rusticus vulneratus, s. cur. munitus, extra sepultus.
	31. Krandlenhaus.
19. Seibl.	Joseph Seibl von Pruggried, vnb
20. Raindl.	Georg Raindl von Au, Aiblinger Gerichts, vnb
21. Franz.	Simon Franz von Otting
	3 vulnerati rustici, St. caul. muniti extra sepulti sunt.

In illa laniana rusticorum, quae fuit a caesareanis in nativitate Dni. crudeliter patrata, numerus caesorum fuit juxta effatam vespillonis, in nostra Parochia in 9 tumulis diversis sepultorum 682
NB. in Parochia B. V. 90
NB. Sendlingae sepultorum 204
Sa. 976

NB! praefata corpora fuerunt a nobis omnia benedicta more consueto et contineantur etiam sub hoc numero rusticorum, quae a 26. Xbris hujusque in diversis sepulchris tumulata et supra in suis locis assignata aperiuntur 21.

Januar 1706.

Item de novo sepulti sunt rustici lethaliter vulnerati St. caut. prius refecti

2. Krandlenhaus.

1. Hofberger.	Joseph Hofberger, von greling,
2. Ignaty.	vnb Ignaty R. von Hochzolling
	eod. Nos. S. Josephi.
3. Johannes.	Johann R. von Au, gerichts Aibling.
	eod. Nos. S. Elis.
R. R. R. 4. 5. 6.	tria funera sine nomine noto.
R. R. R. 7. 8. 9.	alia simul aliunde allata funera benedixi 7. caes. rustic.
R. R. R. 10. 11. 12.	
R. 13.	

Familia.	Januar 1706.
	4. Im St. Josephs-Spital.
Fallner. 14.	Melchior Fallner, von Zollach, auß der Graffschaft Falley, SS. Smts. munitus extra sepultus.
	Den 4. Im Herzog-Spital.
Högg. 15.	Lorenz Högg, ein alter tagwercher von Beylsberg, uxoratus SS. Sacramentis munitus extra sepultus, bei 70 Jahren, ut ejus filia dixit.
	4. Heil. Geist-Spital.
NB.	Zween anheunt begraben, deren Namen under folgenden muß begriffen sein. Sie sind vom 26. Dec. bis 3. Jan. alba post suscepta SS. Sacramenta verschieden, wie mir Herr Pfarrer vom hl. Geist selbst schriftlich solche zuegeschicket.
16. Paur.	Johann Paur von Wäskirchen.
Sattler oder Stabler.	Wolfgang Sattler von Pfaffenhofen.
17. Pichler.	Caspar Pichler aus der Jachenau.
N.	Dionysi N.
Plindthamer.	Jörg Plindthamer von Högling
Gruber.	Jörg Gruber von Stirzlham.
N.	Peter N. von Piberg.
N.	Philipp N. von Oberzhausen.
N.	Quirin N.
N.	et anonymus, qui signum dare non potuit.
Wöldhel.	Albrecht Wöldhel von Holzkirchen.
Würshauser.	Georg Würshauser von reicherspeyrn.
Glockner.	Melchior Glockner von Dietramszell.
Floßmann.	Johann Floßmann aus Tölzer Pfarr, in allem 14.
	4. Herzogspital.
18.	— — —
19.	— — —
20.	— — —
21.	— — —
22.	— — —
	6. Bruderhaus.
Hözl. 22.	Jörg Hözl, von Gautting, SS. Smts. munitus extra sepultus.
	6. Herzog-Spital.
Rober. 23.	Quirin Rober, auß der Falley, SS. Smts. munitus, extra sepultus.
	8. Josephs-Haus.
Huber. 24.	Johann Huber von Fagn aus der Falley.
Wimber. 25.	und Wolfgang Wimber, Schmidt alba. SS. Smts. muniti extra sepulti.
	8. Herzog-Spital.
Knopf. 26.	Andre Knopf, und Johann Camerlocher, beede Wolferzhauser Gschts. SS. Smts.
Camerlocher. 27.	muniti extra sepulti.
	8. Hl. Geist Spital. Zween.
Schlierskmair. 28.	Egidi Schlierskmair, solutus von Gozing et
N. 29.	. . . alius.
	11. Herrn Jesuiter.
N. 30.	rusticus vulneratus N. N.
NB.	13. Hl. Geist.
Hundbamer. 31.	Johann Hundbamer, ein pleysirter Paur, SS. Smts. munitus, extra sepultus est ad socios suos.
Hosenstangler. 32.	Martin Hosenstangler von Wolferzhausen, Paurssohn, St. caut. munitus, gestorben an der Plesur et extra sepultus est.

Familia.

Pichlmair. 33.

Sporrer. 34.

Schreyer. 35.

Schmidt. 36.

Reumair. 37.

Häßlacher. 38.
Häfel. 39.

Clee. 40.
Hamerl. 41.

Clee. 42.

Wagner. 43.

Stöckhel. 44.

Prindl. 45.

Schlichenrieder. 46.

Spindler. 47.

Eisenreich. 48.

NB.
Finsinger. 49.

Januar 1706.

16. Nos. S. Josephi.
Sigmund Pichlmair, Paur von Großhartpenig, vulnere obiit, SS. Smts. munitus et extra sepultus est.

17. Herzog-Spital.
Mathias Sporrer, ein huetter auß Rosenhamer Grcht. SS. Smts. munitus extra sepultus

19. Herzog-Spital.
Alexander Schreyer, von Holzkürchen, SS. Smts. munitus extra sepultus.

20. Semblinger Gassen.
Sebastian Schmidt, ein Zimmer Lehrjung im Kreut innerhalb Tegernsee gebürtig. SS Smts. munitus extra sepultus.

20. Herzog-Spital.
Mathias Reumair, von Pfunzen, Rosenhamer Grchts. SS. Smts. munitus extra sepultus.

22. Herzog-Spital.
Martin Häßlacher, aus Tölzer Gericht, und
Bernhard Häfel, von Dalham, Gelbinger Pfarr, Ayblinger Grchts. SS. Smts. muniti, an ihrer bleßur verstorben, extra sepulti.

26. Herzog-Spital.
Görg Clee, aus der Falley, und
Martin Hamerl, von Benedictbeurn, rustici St. caut. muniti, extra sunt sepulti.

30. Herzog-Spital.
Walthasar Clee, aus der Fallen, rusticus vulneratus extra sepultus est.

Februar 1706.

2. Herzog-Spital
Simon Wagner, operar. fil. in Schwäbing, vulneratus SS. Smts. munitus, extra sepultus.

3. Herzog-Spital.
Jörg Stöckhel, Sattler zu Wolferzhausen, SS. Smts. munitus, extra sepultus.

3. Joseph-Spital.
Caspar Prindl, Mözger von Wier, Grchts. Aybling, SS. Smts munitus, extra sepultus.

7. Nos. S. Elis.
Mathias Schlichenrieder, Plessirter Paur von Wolferzhausen, SS. Smts. munitus, extra sepultus.

22. Nos. S. Elis.
Bartholme Spindler, Tagwerckher von Tölz, SS. Smts. munitus, extra sep.

24. Färbergraben.
Simon Eisenreich, Paurnknecht vulnere obiit aucto 25. Decembr. prioris anni, post S. caut. extra sepultus est

Martii 1706.

29. Hl. Geist-Spital.
Görg Finsinger, Plessirter Tyroler, SS. Smts. munitus extra sepultus est.

) **Auszug

aus dem

Liber mortuorum adultorum a 29 Novembr. anni 1687 usque ad annum 1732 inclusive in Parochia B. V. Monachij

Fol. 67—68.

	1705.	
26.	Dec.	Franz Doiier, Aumaister, hat gestert als am Geburthstag Unseres Herrn Jesu Christi hereineilhen vnd dem Gottesdienst beiwohnen wollen, so ist Er aber vnder wegs von denen Kayserlichen Soldaten ohne gegebene Vhrsach muettwilliger weis erschossen, vnd herein auf der HH. Vätter Franziskaner Freythof begraben worden, seines Alters 70 Jahr.
26.	„	Georg Perner vnd Simon Larcher, beede tagwerckher aufn Lehel, seynd auch von denen Kayserl. Soldaten ohne gegebene Vrsach muethwilliger weis erschossen worden.
26.	„	Maria Kleinnayrin, vnderholzschreiberin aufn Lehel, ist auch vnschuldig in ihrem wohnzimmer erschossen vnd nach empfangen heyl. Sacramenten gestorben.
26.	„	Joseph Carl, alhiesiger Pildthauergsöll, ist aber in Tölz in arbeith vnd erschossen worden.
26.	„	Ignatius Prandthueber, lödiger Jäger, in gleichem erschossen worden.
26.	„	gewester Hausmaister auf Herrn von Schlichting Thalghofen; ist ohne schuld graussam ermordt worden; weill man mir aber auf vielfeltigs begehrn weder tauff- noch zuenammen geschikht, hab' ich ihm darnach notiren wollen.
29.	„	Ignati Prandthuber, lödiger Jäger, ist auch bei dieser occasion aufgangen.
29.	„	In gleichem Paul Haager, Hofpaur zu Tegernsee.
29.	„	Wiederumb Caspar Hueber, lödiger Maurer von Sarenthamb.
31.	„	Franz vnd Antoni Troll, gewesste Walcherssohn aufn Lehel.
31.	„	Peter Fischhaber, gewester Gutscher bey der Frauen von Simioni.
31.	„	Peter Filse, gewester Rambmaister bey denen außgespanthen Tuechern in Zwingern.
		vnd diese Vier seynd auch vnschuldiger Weis von denen Kayserlichen massacriert worden.
	1706.	
4.	Jäner.	Silvest Stauberer, lödiger Paurnkhnecht von Tölz ist auch durch ein blesur in dieser action gestorben.
19.	„	Caspar Gruber, plesirter Paur zu Benedictpeyrn.

³³) Es dürfte nicht uninteressant sein, behufs vergleichender Darstellung etwas Näheres über die Mortalität in München am Ende des XVII. und Anfang des XVIII. Jahrhunderts zu erfahren. Inhaltlich der Todtenbücher der St. Peters-Pfarrei zu München wurden von der genannten Pfarrei aus an Erwachsenen und Kindern zusammen begraben in den Jahren

1698	543	1720	520	
1699	523	1721	657	
1700	478	1722	607	
1701	499	1723	618 (319 Erwachsene, 299 Kinder)
1702	493	1724	650	
1703	694	1725	724 (388 „ 336 „)
1704	1310	1726	704 (404 „ 300 „)
1705	1265	1727	575 (275 „ 300 „)
1706	493	1728	665 (359 „ 306 „)
1707	402	1729	791 (404 „ 387 „)
1708	543	1730	814	
1709	461	1731	645 (376 „ 269 „)
1710	430	1732	667 (324 „ 313 „)
1711	523	1733	820 (391 „ 429 „)
1712	544	1734	621 (310 „ 311 „)
1713	453	1735	633 (325 „ 308 „)
1714	533	1736	672 (323 „ 349 „)
1715	610	1737	682 (343 „ 339 „)
1716	603	1738	861 (391 „ 470 „)
1717	496	1739	724 (377 „ 347 „)
1718	556	1740	794 (457 „ 337 „)
1719	685	1741	934 (552 „ 385 „)

Inhaltlich des Liber mortuorum adultorum Parochiae B. V. Monachii de anno 1687 usque ad annum 1732 wurden in der genannten Pfarrei zu U. L. Frau in München an Erwachsenen begraben im Jahre

1688	135	1700	124	1711	135	1722	157
1689	124	1701	113	1712	144	1723	158
1690	139	1702	127	1713	149	1724	189
1691	176	1703	142	1714	157	1725	191
1692	152	1704	281	1715	124	1726	169
1693	193	1705	158	1716	141	1727	144
1694	160	1706	128	1717	114	1728	282
1695	138	1707	122	1718	148	1729	195
1696	105	1708	135	1719	191	1730	204
1697	116	1709	119	1720	168	1731	179
1698	119	1710	109	1721	156	1732	200
1699	118						

³³) Das Hl. Geist-Spital, angeblich von Herzog Ludwig dem Kelheimer i. J. 1204, richtiger aber von Herzog Otto dem Erlauchten l. J. 1251 erbaut, eingerichtet und aus den Einkünften des Isarzolls zum Theil dotirt, befand sich bis zum Jahre 1823 im Thal, und wurde im genannten Jahr nach dem Elisabethinerinnenkloster an der Mathildenstraße verlegt.
(confer. „Die ehemaligen Spitäler und Convente der Barmherzigen Brüder und der Elisabethinerinnen in München", von Ernst von Destouches, im Oberbayerischen Archive, Band XXIX.)

³⁴) Das Herzogspital, an der nach ihm benannten Straße, der früheren Röhrenspielergasse, gelegen, wurde von Herzog Albrecht V. begonnen, und unter Herzog Wilhelm V. vollendet.

³⁵) Das Josephs-Spital, an der nun nach ihm (früher obere Brunngasse) genannten Straße gelegen, wurde auf Kosten des Churfürsten Max I. i. J. 1626 gegründet und 1682 neu erbaut.

³⁸) Das Bruderhaus, an der, früher Schwalz, jetzt Kreuz-Gasse genannten Straße gelegen, wurde i. J. 1480 zur Aufnahme für arme Kranke und cirche Pilgrame gegründet, und zu Anfang dieses Jahrhunderts mit dem allgemeinen Krankenhause vereinigt. (Stadtarchiv.)

³⁷) Das Stadtkrankenhaus befand sich am Anger. Die Stadtkammer hatte für dasselbe i. J. 1705 1935 fl. 11½ d. Ausgaben zu bestreiten, da in dem genannten Jahre mehrmalen unterschiedliche Gesellen, Ehehalten, arme Bürger und andere Personen nicht allein vom hitzigen Fieber, sondern auch von anderen Krankheiten ergriffen wurden, und zur Vermeidung mehreren Uebels, in das Krankenhaus aufgenommen werden mußten.

³⁸) Confer. Die Anmerkung 31.

³⁹) Raths-Protokoll, Anderes Buch, Stadtschreiberei München, pro anno 1705 fol. 174. (St.-A.)

⁴⁰) Die wichtigeren Stadtämter waren zu jener Zeit von folgenden Persönlichkeiten besetzt; es war
Kämmerer vom innern Rath: Bürgermeister Johann Maximilian von Alberto,
Kämmerer vom äußern Rath: Johann Gastner,
Kämmerer von der Gemein: Georg Ignatius Schobinger,
Verordneter über die Frohnfeste: Derselbe Georg Ignatius Schobinger,
Stadtschreiber: Lic. Johann Georg Zeure,
Kämmerschreiber: Michael Franz,
Stadt-Medikus: Wolfgang Mathias Scharrer und Johann Joseph Stebler,
Stadt-Oberrichter: Maximilian Joseph von Vocchiery,
Stadt-Unterrichter: Lic. Johann Christoph Anton Zech,
Stadt-Hauptmann: Ferdinand Franz Vogtmayr,
Stadt-Lieutenant: Valentin Höchl,
Pfändermeister: Albrecht Friedrich Hörl,
Oberbaumeister: Ferdinand Hörl,
Rathsdiener: Gabriel Luz,
Brunnmeister: Hans Jakob Reiffenstuel,
Schlögl in der Frohnfeste: Hans Ahrinberger,
Scharfrichter: Hans Fahner. (Stadtarchiv. Kämmerrechnung.)

⁴¹) Amtsbürgermeister für die Monate November und Dezember 1705 war Franz Max Ihabd Schobinger. Das Bürgermeisteramt nemlich wurde immer im Turnus auf je zwei Monate verwaltet, gegen ein von der Stadtkammer bezahltes Honorar von 200 fl. Ebenso wurde das äußere Bürgermeisteramt im Turnus von den äußeren Räthen auf je 2 Monate gegen 24 fl. Honorar verwaltet, und zwar für die Monate November und Dezember 1705 von Johann Alexander Sutor. (Kämmerrechnung. Stadt-Archiv.)

⁴²) Das Oberrichteramtshaus ist das jetzige Haus Nr. 1 im Thal. So lange in den Händen des Magistrats die Gerichtsbarkeit lag (bis Ende 1802) diente dieses Haus als Wohnung und Amtslokal des Oberrichters. Nachmals wurde es magistratisches Administrationsgebäude (bis zum Umzug in das neue Rathhaus i. J. 1874) und jetzt beherbergt es das k. Landgericht München II, dient also wieder den Zwecken einer Justizbehörde.

⁴³) Raths-Protokoll (Stadtschreiberei), 1705. II fol. 177. (Stadtarchiv.)

⁴⁴) Raths-Protokoll (Stadtschreiberei), 1705. II. fol. 179. (Stadt-Archiv.)

⁴⁵) Raths-Protokoll (Stadtschreiberei), 1705. II. fol. 180—183. (Stadt Archiv.)

⁴⁶) Morawitzky, loc. cit. fol 471.

⁴⁷) Die Verhörs-Protokolle und Untersuchungsakten sind noch im K. allgemeinen Reichsarchive vorhanden, und hat dieselben Graf Maximilian Topor-Morawitzky bei seinen Forschungen für die Geschichte des spanischen Erbfolgekrieges benützt und excerpirt.

⁴⁸) Bereits am 27. Dez. 1705 war mit acht im Tegernseer-Haus gefangenen bauerischen Bauern ein Verhör vorgenommen worden; es waren dieß:
1) Hammerich Graf, aus dem Gericht Aibling, 19 Jahre alt, Knecht,
2) Balthasar Fadler, aus Aibling, verheirathet, 22 Jahre alt, Sailer,
3) Hieronymus Weber, von Tölz, Kupferschmidt,
4) Georg Wiemer,
5) Max Kellerer, aus der Grafschaft Vallen,
6) Michael Oehel, von Larum,
7) Michael Wassemeyer, } aus dem Gericht Starnberg.
8) Simon Fischetsrieth,

*) a) **Mathias Maier** war gebürtig zu Zolling im Freisingischen, 38 Jahre alt, 19 Jahre Soldat, zuletzt Hauptmann im bayerischen Infanterie-Regiment Tattenbach, nachgehends aber unter der, der Churfürstin bewilligten Garde als Lieutenant mit Hauptmannstitel.

In dem, am 28. Dez. 1705 mit ihm vorgenommenen Verhöre machte er folgende weitere Personal-Angaben:

Er sei bei der Rebellion der bayer. Regimenter vom kais. General Gronsfeld vereidigt worden, nicht mehr zu dienen, dieser Eid sei aber kein freiwilliger gewesen. Er wollte nach Maria Einsiedeln in die Schweiz gehen, und dann in die Niederlande zum Churfürsten, weil er noch 23 Monate Geldguthaben aus Catalonien anzusprechen hatte. In Pfronten sei er mit dem Commissär Fuchs nebst einem Wagenmeister, Wachtmeister Lieutenant von Burghausen und einem Lieutenantssohn gefangen worden, hätte sich aber mit den Andern durch die Flucht gerettet, sei dann allein in das Kloster Rothenbuch, hierauf nach Polling und dann nach Schäftlarn gegangen, wo er den, am Podagra kranklliegenden Prälaten besuchte, um zu vernehmen, wie es denn dort stehe.

Maier's weitere Aussagen über seine nachherigen Erlebnisse bis zur Sendlinger Schlacht finden sich vorne im Texte abgedruckt.

Er beschloß seine Aussagen damit, „daß er Alles getreulich eröffnet, was er gewußt. Er bereite sich zum Tode und bitte allein um ein gnädiges Urtheil, wie ihm auch der Herr Administrator auf aufrichtiges Bekenntniß versprochen. Er bitte, ihn nicht lange aufzuhalten, seiner Frau vornehme Freundschaft zu verschonen, und ihm ein Gebetbuch zu geben, auch, wenn man ihm das Leben absagen sollte, zu erlauben, daß er sein Weib und seine Kinder nochmals sehen könne." (Morawitzky loc. cit. fol. 574—579.)

Nachdem von der kaiserl. Administration resolvirt worden war, den Hauptmann Maier über seine angeblich erlittene Bergewaltigung zur Tortur zuzulassen, wurde er am 5. März 1706 abermals vor seine Untersuchungsrichter geführt und erst gütlich gefragt. Da seine Aussagen nicht genügten, brachte man ihn in das Folterzimmer, wo man ihm die Fragen nochmals vorhielt und ermahnte, die Wahrheit zu bekennen. Er antwortete: Er könne nichts Anderes sagen, als was er bereits ausgesagt, wenn er auch in Tormenten ein Anderes aussagen würde, müsse er es darnach doch wieder revociren. Hierauf wurde er wirklich aufgezogen, über die Interrogatoria, hangend, vernommen, beharrte aber beständig darauf, daß er nicht habe bei dem Churfürsten dienen wollen; er sei auch nicht nach Schäftlarn gegangen, um mit den Rebellen zu halten, sondern hätten sie ihn dazu gezwungen, geschlagen und gestoßen, verwacht und als einen geführt, er sei ihr discipel gewesen; habe auch keine Gelegenheit gehabt, denn ihnen wieder wegzugehen. Und da er eine Zeit also gehangen, donec sufficienter tortus videatur (bis er hinlänglich gefoltert schien), so wurde er wieder herunter gelassen und in sein Gefängniß zurückgebracht. (Morawitzky loco cit. fol. 590.)

Maier wurde jedoch nicht enthauptet, wie die bisherigen Angaben lauteten, sondern in neunjähriger Gefangenschaft gehalten. Erst die Rückkehr des Churfürsten Maximilian Emanuel in sein Lande brachte auch Maier Erlösung und Befreiung. Unter'm 12. August 1715 reichte er beim Churfürsten ein Rehabilitations-Gesuch ein, worin er u. A. anführte:

„Nachdem er unter der vorigen kaiserl. Administration wegen der Bauern-Revolte nicht nur ganz unschuldiger Weise eine 9jährige Gefangenschaft neben Verlust alles des Seinigen erlitten, wodurch er fast zu einem Bettler gemacht worden, sondern auch bei der fast 2jährigen in dem Falkenthurm ausgestandenen Verhaftung eine so unbillige, als höchst schmerzliche Tortur ausstehen mußte, — weil solche Leute an die Hand angelegt, welche jedem ehrlichen Officier an Ehre und Reputation sehr nachtheilig fallen, — dergestalt außer Stand gesetzt werde, daß seinerzeit jenen, welche seine Unschuld nicht gewußt, bedenklich fallen möchte, unter seinem Commando zu stehen, folglich, und nachdem er Gut, Ehre, Leib und Leben für den Churfürsten unter den 22jährigen treu eifrigst geleisteten Kriegsdiensten öfter unterthänigst ausgesetzt, auch dieses an den Churfürsten verdient zu haben, der Hoffnung lebte, nachdem er also wahrhaftig weder an der Bauern-Revolte noch an anderem erfolgten Schaden den geringsten Theil, gelange sein und seiner fünf unschuldigen Kinder, welche an des Vaters unbilligen Schmach und Torto nicht wenig auch concurriren, Bitte an den Churfürst, durch ein Dekret ihn vollständig wieder zu restituiren."

Churfürst Maximilian Emanuel signirte de dato Nymphenburg, 12. Aug. 1715 auf dieses Gesuch: „Zum churfürstl. Hofkriegsrath, so hierüber Bericht und Gutachten zum Geheimen Rath einzuschicken." Am 8. Februar 1716 erfolgte dann die Ausfertigung des Restitutionsdekretes an den Hauptmann Maier. (Morawitzky loc. cit. fol. 721.)

b) **Johann Ulrich Haib** (auch Haiden geschrieben) Registraturadjunkt beim churfürstlichen Hofrath, wurde wiederholt verhört, und zwar meist unter Anwendung der Tortur, so am 29. Dez. 1705, 11, 13, 20. Jänner, 12. u. 26. Febr., 8. März 1706 ꝛc. Auch er saß im Falkenthurm gefangen. Auf die Frage, wie er sich bei der Affaire von Sendling solvirt, gab er (im Verhör vom 12. Febr. 1706) zur Antwort:

„Im Wirthshaus zu Sendling habe er sich ins Bett gelegt, und krank gestellt; da etliche Husaren hineingekommen und ihn gefragt, wer er sei, habe er geantwortet, daß er von Mittenwald sei und schon zwei Tage hier krank liege. Darüber hätten die Husaren ihm alle Kleider genommen, und der Wirth ihm wieder ein paar alte Hosen und Strümpfe gegeben. Dann sei er zu Fuß bis nach Tießen gegangen, wo ihm der Trappentreu ein Pferd geliehen, mit welchem er auf Rauchen-Löschberg geritten, wo er sodann gefangen worden. Dem Wirth zu Straubing habe er eine silberne Tabaksbüchse, ein goldenes Ringlein und 70 fl. in Geld in Verwahr gegeben." (Morawitzky loc. cit. fol. 559. 590.)

⁵⁶) Von weiteren Theilnehmern wurden u. A. verhört:
Johann Heller, gewesener Lieutenant von der Landfahne, verhaftet im Falkenthurm, und
Johann Georg Deubler, Hartschier-Fourier, gleichfalls verhaftet im Falkenthurm,
Urban Gärtner, Hofportier, sämmtlich verhört am 13. Jänner 1706,
Conrad Brir, 52 Jahre alt, Posthalter in München, verhört am 18. Jänner 1706,
Franz Mader, Bürger und Bierbrauer in München, 34 Jahre alt, verhört am 27. Jänner 1706,
Jos. Rudolph Kaiser, des Raths und Weingastgeb, verhört am 8. März 1706. (Morawitzky loc. cit. fol. 590, 594, 595.)

⁵¹) Morawitzky loc. cit. fol. 581—584.

⁵²) Morawitzky loc. cit. fol. 594.

⁵³) Morawitzky loc. cit. fol. 373.

⁵⁴) Morawitzky loc. cit. fol. 584.

⁵⁵) Morawitzky loc. cit. fol. 594.

⁵⁶) Stadtgrundbuch (mittleres) für das Hacken-Viertel beim kgl. Amtsgericht München I.

⁵⁷) Raths-Protokoll für das Jahr 1691. Fol. 50 und Kammerrechnung für das gleiche Jahr. Fol. 95 u. 97. (Stadt-Archiv.)

⁵⁸) Liber matrimoniorum in Par. Eccles. S. Petri Monachij ad annos 1691—1709.

⁵⁹) Raths-Protokoll (Stadtschreiberei) 1691. Fol. 126. (Stadt-Archiv.)

⁶⁰) Raths-Protokoll (Stadtschreiberei) 1695. Fol. 135. (Stadt-Archiv.)

⁶¹) Raths-Protokoll (Stadtschreiberei) 1705. I. Th. Fol. 65. (Stadt-Archiv.)

⁶²) Steuerbuch auf das Jahr 1697. (Stadt-Archiv.)

⁶³) Johann Senser, churfürstlicher Hofkammerrath, starb am 29. März 1718 (in der Rosengasse) und wurde auf dem Franziskaner-Freithof (am heutigen Max Joseph-Platze) begraben. (Todtenbuch der St. Peters-Pfarrei auf die Jahre 1706—1720. Fol. 368 retro.)
Seine Gattin Ursula war ihm am 19. Jänner 1711 bereits im Tode vorangegangen und gleichfalls bei den Franziskanern begraben worden. Sie hatten damals am Rindermarkt gewohnt. (Loc. cit. fol. 149.)
Am 22. Sept. 1698 hatte Hofkammerrath Senser, der in jenem Jahre in der Fürstenfeldergasse wohnte, ein Kind, Namens Johann Max Benno, durch den Tod verloren, welches an der Mauer des St. Peters-Freithofes begraben worden war.

⁶⁴) Morawitzky loc. cit. fol. 594 und 373.

⁶⁵) Raths-Protokoll (Stadtschreiberei) 1705. I. Th. Fol. 225. (Stadt-Archiv.)

⁶⁶) Raths-Protokoll (Stadtschreiberei) 1705. I. Th. Fol. 58. (Stadt-Archiv.)

⁶⁷) Raths-Protokoll (Stadtschreiberei) 1706. I. Th. Fol. 42. (Stadt-Archiv.)

⁶⁸) Raths-Protokoll (Stadtschreiberei) 1706. I. Th. Fol. 39. (Stadt-Archiv.)

⁶⁹) Raths-Protokoll (Stadtschreiberei) 1706. I. Th. Fol. 55. (Stadt-Archiv.)

⁷⁰) Raths-Protokoll (Stadtschreiberei) 1706. I. Th. Fol. 77. (Stadt-Archiv.)

⁷¹) Raths-Protokoll (Stadtschreiberei) 1708. II. Th. Fol. 56. (Stadt-Archiv.)

⁷²) Raths-Protokoll (Stadtschreiberei) 1706. I. Th. Fol. 155. (Stadt-Archiv.)

⁷³) Raths-Protokoll (Stadtschreiberei) 1706. I. Th. Fol. 101. (Stadt-Archiv.)

⁷⁴) Raths-Protokoll (Stadtschreiberei) 1706. I. Th. Fol. 139. (Stadt-Archiv.)

⁷⁵) Raths-Protokoll (Stadtschreiberei) 1706. I. Th. Fol. 217. (Stadt-Archiv.)

⁷⁶) Raths-Protokoll (Stadtschreiberei) 1706. I. Th. Fol. 218. (Stadt-Archiv.)
⁷⁷) Raths-Protokoll (Stadtschreiberei) 1706. II. Th. Fol. 106. (Stadt-Archiv.)
⁷⁸) Raths-Protokoll (Stadtschreiberei) 1706. II. Th. Fol. 121. (Stadt-Archiv.)
⁷⁹) Raths-Protokoll (Stadtschreiberei) 1708. II. Th. Fol. 55. (Stadt Archiv.)
⁸⁰) Raths-Protokoll (Stadtschreiberei) 1708. II. Th. Fol. 119. (Stadt-Archiv.)
⁸¹) Raths-Protokoll (Stadtschreiberei) 1709. I. Th. Fol. 185 und 1710. I. Th. Fol. 130. (Stadt-Archiv.)
⁸²) Todtenbuch der St. Peters-Pfarrei pro 1706—1720. Fol. 231 r.
⁸³) Kammerrechnung auf das Jahr 1700. Fol. 89 und 94. (Stadt-Archiv.)
⁸⁴) Trauungsbuch der Frauenpfarrei zu München.
⁸⁵) Stadtgrundbuch (mittleres) für das Graggenauer-Viertel. Fol. 775 κ beim k. Amtsgericht München I.
⁸⁶) Raths-Protokoll (Stadtschreiberei) 1706. I. Th. Fol. 33. (Stadt Archiv.)
⁸⁷) Morawitzky loc. cit. fol. 584. und Taufbücher von U. L. Frauenpfarrei.
⁸⁸) Steuerbuch auf das Jahr 1705. (Stadt-Archiv.)
⁸⁹) Raths-Protokoll (Stadtschreiberei) 1700. I. Th. Fol. 31 und 1706. I. Th. Fol. 33. (Stadt-Archiv).
⁹⁰) Morawitzky loc. cit. fol. 373.
⁹¹) Morawitzky loc. cit. fol. 584.
⁹²) Morawitzky loc. cit. fol. 594.
⁹³) Morawitzky loc. cit. fol. 373
 Die Todtenbücher der beiden Münchener Stadtpfarreien von U. L. Frau und von St. Peter enthalten weder einen Eintrag über das Ende oder Ableben der Gerichteten, welche doch ihre Parochianen gewesen, noch über eine allenfallsige Bestattung der irdischen Ueberreste derselben.
⁹⁴) Im Rathsprotokoll (Stadtschreiberei) 1706 I. Th. Fol. 6 heißt es:
 „Wurden als Kasernen zur Unterbringung von 2400 Mann kais. Truppen vom Feldwebel an, jedoch ohne Offizier und Cavallerie bestimmt:
  Das Zeughaus vom Hof,
  Das Wartenbergische Haus,
  Das Simronische Haus,
  Die Stadtkasernen,
  Das Kibler-Haus,
  Das Jäger-Haus,
  Das Mader-Haus,
  Das Hallmair-Haus. (Stadt-Archiv.)
⁹⁵) Raths-Protokoll (Stadtschreiberei) 1706. I. Th. Fol. 4. (Stadt-Archiv.)
⁹⁶) Raths-Protokoll (Stadtschreiberei) 1706. I. Th. Fol. 33. (Stadt-Archiv.)
⁹⁷) Raths-Protokoll (Stadtschreiberei) 1706. I. Th. Fol. 42. (Stadt-Archiv.)
⁹⁸) Raths-Protokoll (Stadtschreiberei) 1706. I. Th. Fol. 72. (Stadt-Archiv.)
⁹⁹) Raths-Protokoll (Stadtschreiberei) 1706. I. Th. Fol. 74. (Stadt-Archiv.)
¹⁰⁰) Raths-Protokoll (Stadtschreiberei) 1706. II. Th. Fol. 9. (Stadt-Archiv.)
¹⁰¹) Raths-Protokoll (Stadtschreiberei) 1707. II. Th. Fol. 132 und 141. (Stadt-Archiv.)
¹⁰²) Raths-Protokoll (Stadtschreiberei) 1708. II. Th. Fol. 26. (Stadt-Archiv.)
¹⁰³) Raths-Protokoll (Stadtschreiberei) 1711. II. Th. Fol. 207. (Stadt-Archiv.)
¹⁰⁴) Raths-Protokoll (Stadtschreiberei) 1711 II. Th. Fol. 41. (Stadt-Archiv.)
¹⁰⁵) Raths-Protokoll (Stadtschreiberei) 1712. II. Th. Fol. 59. (Stadt-Archiv.)

¹⁰⁶) Raths-Protokoll (Stadtschreiberei) 1712. II. Th. Fol. 108. (Stadt-Archiv.)
¹⁰⁷) Raths-Protokoll (Stadtschreiberei) 1713. II. Th. Fol. 12. (Stadt-Archiv.)
¹⁰⁸) Raths-Protokoll (Stadtschreiberei) 1713. II. Th. Fol. 147. (Stadt-Archiv.)
¹⁰⁹) Raths-Protokoll (Stadtschreiberei) 1714. II. Th. Fol. 230. (Stadt-Archiv.)
¹¹⁰) Steuerbuch pro 1714. (Stadt-Archiv.)
¹¹¹) Steuerbücher des städt. Archivs.
¹¹²) „Die Marbacher", vaterländische Ballade von Ernst von Destouches, abgedruckt u. A. im Sulzbacher gemeinnützigen Hauskalender auf das Jahr 1864, dann in dem von Karl Zeitel herausgegebenen „Wittelsbacher Jubiläums-Album".
¹¹³) Morawitzky loc. cit. fol. 591.
¹¹⁴) Raths-Protokoll (Stadtschreiberei) 1691. Fol. 153. (Stadt-Archiv.)
¹¹⁵) Raths-Protokoll (Stadtschreiberei) 1691. Fol. 160. (Stadt-Archiv.)
¹¹⁶) Kammerrechnung 1691. Fol. 90, 97, 98. (Stadt-Archiv.)
¹¹⁷) Liber matrimoniorum in Parochiali Ecclesia S. Petri Monachij ad annum 1691—1709. Fol. 12.
¹¹⁸) Taufbücher der Frauen-Pfarrei und der St. Peters-Pfarrei.
¹¹⁹) Steuerbücher 1691—93. (Stadt-Archiv.)
¹²⁰) Steuerbücher 1691—1701. (Stadt-Archiv.)
¹²¹) Steuerbuch 1693. (Stadt-Archiv.)
¹²²) Steuerbuch 1697 Fol. 72. (Stadt-Archiv.)
¹²³) Stadt-Grundbuch, mittleres, für das Kreuz-Viertel v. J. 1630, Fol. 147, beim kgl. Amtsgericht München I.
¹²⁴) Raths-Protokoll (Stadtschreiberei) 1692. Fol. 154. (Stadt-Archiv.)
¹²⁵) Raths-Protokoll (Stadtschreiberei) 1694. Fol. 7. (Stadt-Archiv.)
¹²⁶) Raths-Protokoll (Stadtschreiberei) 1706. I. Th. Fol. 33. (Stadt-Archiv.)
¹²⁷) Raths-Protokoll (Stadtschreiberei) 1700. I. Th. Fol. 62. (Stadt-Archiv.)
¹²⁸) Raths-Protokoll (Stadtschreiberei) 1701. Fol. 152. (Stadt-Archiv.)
¹²⁹) Raths-Protokoll (Stadtschreiberei) 1702. I. Th. Fol. 7. (Stadt-Archiv.)
¹³⁰) Morawitzky loc. cit. fol. 551—555.
¹³¹) Morawitzky loc. cit. fol. 591.
¹³²) In Atram's Bericht (cfr. die Abhandlung Föringer's sub Anmerkung 1) wird die Zahl der Bauern auf **2760 Mann** angegeben.

Das Schreiben der kais. Administration an den Markgrafen von Bayreuth (cfr. Anm. 46) spricht von gegen viertehalbtausend Mann, in dem Briefe aus dem Bauernlager an Kibler wird von **6000 Mann** gesprochen.

Ebenso ungleich sind die Angaben über die Stärke der kaiserlichen Besatzung zu München, welche (bei Föringer) auf 5000 Mann, vom Hauptmann Maier (cfr. Anm. 133) auf 1500 Mann angegeben wurde.

¹³³) Morawitzky loc. cit. fol. 574.
¹³⁴) Der in den Verhörsprotokollen so oft vorkommende „Jaeger Marx oder Adam", welcher die Tölzer Schützen kommandirte, dürfte wohl ein Verwandter des Jägerwirths gewesen sein.
¹³⁵) Vergleiche Anmerkung 132.
¹³⁶) Raths-Protokoll (Stadtschreiberei) 1705. Anderer Theil. Fol. 180 ꝛc. (Stadt-Archiv.)
¹³⁷) Morawitzky loc. cit. fol. 591.

¹³²) Morowlzky loc. cit. fol. 588.
¹³³) Morowizky loc. cit. fol. 551.
¹⁴⁰) Morawizky loc. cit. fol. 553.
¹⁴¹) Morowizky loc. cit. fol. 555.
¹⁴²) Morawizky loc. cit. fol. 557.
¹⁴³) Morowizky loc. cit. fol. 590.
¹⁴⁴) Hormayr's Taschenbuch, 1835. pag. 202.
¹⁴⁵) Raths-Protokoll (Stadtschreiberei) 1706. I. Th. Fol. 29. (Stadt-Archiv.)
¹⁴⁶) Raths-Protokoll (Stadtschreiberei) 1706. I. Th. Fol. 44. (Stadt-Archiv.)
¹⁴⁷) Raths-Protokoll (Stadtschreiberei) 1706. I Th. Fol. 51. (Stadt-Archiv.)
¹⁴⁸) Raths-Protokoll (Stadtschreiberei) 1706. I. Th. Fol. 51. (Stadt Archiv.)
¹⁴⁹) Raths-Protokoll (Stadtschreiberei) 1706. I. Th. Fol. 51. (Stadt-Archiv.)
¹⁵⁰) Raths-Protokoll (Stadtschreiberei) 1706. I. Th. Fol. 69. (Stadt-Archiv.)
¹⁵¹) Raths-Protokoll (Stadtschreiberei) 1706. I. Th. Fol. 51. (Stadt Archiv.)
¹⁵²) Raths-Protokoll (Stadtschreiberei) 1706. I. Th. Fol. 66. (Stadt-Archiv.)
¹⁵³) Raths-Protokoll (Stadtschreiberei) 1706. I. Th. Fol. 63. (Stadt-Archiv.)
¹⁵⁴) Raths-Protokoll (Stadtschreiberei) 1706. I. Th. Fol. 72 74. (Stadt-Archiv.)
¹⁵⁵) Raths-Protokoll (Stadtschreiberei) 1706. II. Th. Fol. 186 197. (Stadt-Archiv.)
¹⁵⁶) a) Raths-Protokoll, Stadtschreiberei, 1706. I. Th. Fol. 114. (Stadt-Archiv.)
b) Was die St. Benno-Stiftung betrifft, so existirt eine Stiftungsurkunde über dieselbe nicht, dagegen zeigt eine im Stadt-Archiv vorhandene Abschrift der Ordnung dieser Bruderschaft, daß ihre Entstehung i. J. 1600 von vornehmen Bürgern der Stadt herrührt. Zweck der Stiftung war: Unterstützung von unverschuldet verarmten oder mit einer großen Kinderzahl gesegneten Bürgern, Unterstützung der Waisen von Münchener Bürgern, Belohnung und Versorgung rechtschaffener Dienstboten. Im Anfang dieses Jahrhunderts wurde die Bennostiftung, wie das weiter unten (Anm. 171) erwähnte Stock- und Säckel-Almosen dem allgemeinen Krankenhaus-Fonde inkorporirt. (Stadt Archiv.)

¹⁵⁷) Raths-Protokoll, Stadtschreiberei München, 1706. I. Th. Fol. 121. (Stadt-Archiv.)
¹⁵⁸) Raths-Protokoll, Stadtschreiberei München, 1707. II. Th. Fol. 51. (Stadt-Archiv.)
¹⁵⁹) Raths-Protokoll, Stadtschreiberei München, 1708. I. Th. Fol. 74. (Stadt-Archiv.)
¹⁶⁰) Raths-Protokoll, Stadtschreiberei München, 1707. II. Th. Fol. 107. (Stadt Archiv.)
¹⁶¹) Raths-Protokoll, Stadtschreiberei München, 1708. II. Th. Fol. 221. (Stadt Archiv.)
¹⁶²) Raths-Protokoll, Stadtschreiberei München, 1710. II. Th. Fol. 35. (Stadt-Archiv.)
¹⁶³) Raths-Protokoll, Stadtschreiberei München, 1711. I. Th. Fol. 55. (Stadt-Archiv.)
¹⁶⁴) Raths-Protokoll, Stadtschreiberei München, 1711. I. Th. Fol. 144. (Stadt-Archiv.)
¹⁶⁵) Raths-Protokoll, Stadtschreiberei München, 1711. II. Th. Fol. 40. (Stadt-Archiv.)
¹⁶⁶) Raths-Protokoll, Stadtschreiberei München, 1711. II. Th. Fol. 80. (Stadt-Archiv.)
¹⁶⁷) Raths-Protokoll, Stadtschreiberei München, 1711. II. Th. Fol. 139. (Stadt-Archiv.)
¹⁶⁸) Raths-Protokoll, Stadtschreiberei München, 1712. II. Th. Fol. 37. (Stadt-Archiv.)
¹⁶⁹) Raths-Protokoll, Stadtschreiberei München, 1712. II. Th. Fol. 126. (Stadt-Archiv.)
¹⁷⁰) Raths-Protokoll, Stadtschreiberei München, 1713. I. Fol. 194. (Stadtarchiv.)
¹⁷¹) a) Eine eigentliche Stiftungsurkunde über das Stock- und Säckel-Almosen ist nicht vorhanden. Es scheint, daß dieses Almosen anfänglich aus den in den Kirchen, Gasthäusern und öffentlichen Orten

aufgestellten oder herumgetragenen Sammelbüchsen, oder Stöcken, einem sogen. Klingelbeutel ꝛc. entstanden sei. In der Folge, wie schon aus der ältest vorhandenen Rechnung de anno 1640 hervorgeht, kamen Beiträge vom Hofelemosinariat und von landesherrl. Kassen hinzu, und es wurden auch später einzelne Legate und Stiftungen damit vereinigt.

Aus der zum Stadtsäckel gemachten Arthaler'schen Stiftung ergibt sich, daß alljährlich am grünen Donnerstag an alle Armen, in den Spitälern, Waisenhäusern ꝛc. ein Almosen von 2 kr. auf den Kopf vertheilt, um Georgi und Johanni ein Freibad für Arme eröffnet, auch ein Jahrtag am Montag nach Invocabit gehalten werden soll.

Im Anfange dieses Jahrhunderts wurden die Renten des Stock- und Säckel-Almosens mit jenen des Reichen-Almosens, der Benno-Stiftung, der Hölzl-, Unertl-, Schnaderbeck-, Weinmann-, Jungferngeld- Pechbeller- und Fremdenbüchsen-Stiftung und der Pechbeller'schen Testaments-Stiftung dem zu bildenden allgemeinen Krankenhaus-Fonde zugewiesen.

b) Das reiche Almosen, auch guldenreiche Almosen genannt, wurde inhaltlich der im Stadtarchive noch vorhandenen Stiftungsurkunde ddo. Freitag vor Jubica in der Fasten von Martin Ribler, Bürger zu München gestiftet, der zu einem ewigen Almosen für sechs Hausarme, die Bürger sind und Kinder haben, Güter und Gülten, alles angeschlagen zu 17½ Pfund Pfenning jährliche Rente, vermachte, wovon wöchentlich an dem Samstag sechs hausarmen Menschen jeglichem für sechs Pfenning Roggenbrod und für sechs Pfenning Rindfleisch gegeben werden sollte. — Durch Schenkungen und Vermächtnisse vermehrte sich der Kapitalstock bald in bedeutender Weise. Die Austheilung des Almosens fand Anfangs in dem der Stiftung eigenthümlichen Hause am Frauen-Freithof, später beim Wurzerthor statt, wovon dieses dann seinen Namen Kost- oder Brodthor erhielt. Auch das Reiche-Almosen wurde, wie das Stock- und Säckel-Almosen, dem allgemeinen Krankenhausfonde incorporirt.

(confer. Geschichte des „Reichen Almosens" von Ernst von Destouches im Oberbayerischen Archiv, Band XXXI.)

[172]) Raths-Protokoll, Stadtschreiberei München, 1713. II. Fol. 115. (Stadt-Archiv.)

[173]) Raths-Protokoll, Stadtschreiberei München, 1716. I. Th. Fol. 179. (Stadt-Archiv.)

[174]) Stadtgrundbuch für das Kreuz-Viertel v. J. 1630. Fol. 142 ꝛc. (Amtsgericht München I.)

[175]) Raths-Protokoll, Stadtschreiberei München, 1719. I. Th. Fol. 171. (Stadt-Archiv.)

[176]) Raths-Protokoll, Stadtschreiberei München, 1719. II. Th. Fol. 54. (Stadt-Archiv.)

[177]) Raths-Protokoll, Stadtschreiberei München, 1724. I. Th. Fol. 190. (Stadt-Archiv.)